SHODENSHA
SHINSHO

60歳からでも間に合う

人生100年時代の正しい資産づくり

岩崎日出俊

祥伝社新書

まえがき

■個人投資家の2人にひとりが損をしている

衝撃的なニュースが日本を駆《か》け巡りました。2018年7月のことです。「日本の銀行29行で投資信託を保有している顧客の46％が損失を抱えている」。

こう、金融庁が発表したのです。

論争を呼ぶに違いない数字を発表するに際《さい》して、金融庁は用意周到《よういしゅうとう》な姿勢で臨《のぞ》みました。銀行から反論が出たり、変な突っ込みを入れられても困ります。金融庁は、投資家が受け取ってきた累計の受取分配金や販売会社に支払う手数料などもすべて加味して、投資家にとっての「実質的な手取りベース」を算出したのです。

これまでもらった分配金などをすべて加味してみても、投資信託の基準価額の値下がりがきつくて、「トータルではやはり損をしている！」。個人投資家のそんな悲惨な実態が浮かび上がってきました。

「顧客の46％が損失を抱えていた」とのことですが、これは２０１８年３月末時点での調査。その後、市場は２０１８年末にかけてさらに７％ほど下落していますので、本当はもっと多くの投資家が損をしているのかもしれません。

さらに加えて、これまでの相場環境は実を言うと「例外的に」と言っていいほど、良好なものでした。黒田日銀総裁が「かつてない異次元のレベル」と言って超金融緩和を始めたのが６年前。私たちの年金資産を運用する「ＧＰＩＦ（年金積立金管理運用独立行政法人）」が「国内株による運用の比率を全体の12％から25％に引き上げる（要はたくさんの日本株を買う）」などとした運用見直しを発表したのが、４年前です。

こうしたテコ入れの結果、日経平均株価は２０１３年３月末に比して73％も上昇しました。一部の市場関係者の間では「損をするのが難しい」とさえ形容される相場だったのです。

しかし残念ながら、こうしたフォローの風は、これから先は、従来ほど強くは吹いてくれません。

ところで、これからが本題なのですが、「損をするのが難しい」とさえ形容された強烈なフォローの風。この順風環境の中で、なぜ2人にひとりもの個人投資家が損を抱えてしまったのでしょうか。

「銀行で勧《すす》められるままに投資信託を買ってしまった」、「運用資産を、先進国、日本、新興国と分散したが、新興国の下がりがキツイ」……。

いろいろな事情があるのかもしれません。

しかしホンのチョットした金融の知識があるだけで、そうした被害は防げたかもしれません。これが本書の主題です。

かつて私は、日本興業銀行から企業派遣の形でスタンフォード大学ビジネススクールに留学。留学中はウォーレン・バフェットと緊密な親交があったジャック・マクドナルド教授に学び、さらに加えてウィリアム・シャープ教授（1990年ノーベル経済学賞受賞）のゼミを取りました。世界のだれもが認める2人の看板教授から、金融や投資を学んだのです。

留学後は興銀に戻りましたが、45歳のときに転職し、J．P．モルガン、メリルリンチ、リーマン・ブラザーズといった米国の投資銀行でマネージング・ダイレクターを務め、金融の最前線で働いてきました。その後、いまから16年前になりますが、独立・起業して経営コンサルティング会社「インフィニティ」を設立、この会社も業務の中心は金融コンサルティングや投資業務です。つまり40年以上にわたって、日米双方で金融の仕事をしてきました。

この間、講演などに呼ばれ、個人投資家の方たちと接する機会にも恵まれましたが、かねてから感じていたことがあります。それはビジネススクールで教えてくれるような初歩的な、しかし学問的に検証された「金融や投資の話」を高校生でも分かるように、平易で実践的な本の形にまとめれば、日本の投資家のみなさんに参考にしてもらえるのではないかという思いです。

こうした観点から著したのが本書ですが、実は本書で言っていることは、「4つの基本的な考え方」でしかありません。それらは何かというと、序章と第1章から第3章までの「表題」に凝縮されている「4つ」です。

【序】資産運用の巧拙《こうせつ》は、想像を絶するような差を生んでしまう
【1】日本株だけでなく米国株など外国株での運用も考えてみよう（魚のいるところで釣りをしよう）
【2】投資に際しては時間分散を考えよう
【3】リスクとコストをコントロールしよう

たったこれだけです。しかしたとえばリスクのコントロールひとつを取ってみても、日本の多くの本はポートフォリオを分散させようとの議論で終わってしまっています。実際、プロの機関投資家の多くが分散の概念を使って資産を運用していますので、説得力はあります。

しかしハリー・マーコビッツが分散効果理論を発表し、これをウィリアム・シャープが「資本資産価格モデル」に発展させたのが１９６２年。

いまから半世紀以上も前のことです。

シャープ教授の理論はシンプルで、なおかつ多方面に応用の利《き》く、素晴らしい理論

です。しかしこの半世紀の間、ファイナンスの世界では多くの異《こと》なった考え方が提唱されてきており、現実の社会でもリーマンショックのような、従来の分散の概念だけでは対処しきれない事態も生じてきています。

本書では、こういった新しい時代に即《そく》した考え方についても、出来るだけ平易に説明するよう試みました。

読者のみなさんが本書で金融の知見を広め、人生100年時代における「老後」への備えに役立てていただくことを願ってやみません。

2019年1月

岩崎日出俊《いわさきひでとし》

目次

第2章　時間を味方にする

～60歳以降であっても遅くない。時間分散法の極意

第3章　リスクとコストを、コントロールしよう

序章　資産運用の巧拙《こうせつ》が大きな差になる

～自分の生活は自分で守る

■年金資金積立制度（401k）を利用する米国の人々

私たちの暮らしは、これから先、いったいどうなっていくのでしょう。

人生100年時代と言われる現在、たとえば87歳とか92歳になった時点で、老後資金が枯渇してしまう――そんな恐怖のシナリオが、これから先のあなたを待ち受けているかもしれません。

若い人の数がどんどん減っていく、これからの時代。

はたして現在の年金制度はこれから先、20年後、30年後も、今と同じような形で持続可能なのでしょうか。

ここに、こんな統計数字があります。米国国勢調査局が発表しているものです。

米国で世帯主が65歳以上の世帯の平均所得額は月57万円、年収にして680万円。

余談ですが、この数字は2017年のものです。

本書を書いているのは2019年1月。通常であれば、2018年の数字があるのですが、トランプ大統領と民主党との軋轢《あつれき》が原因で、米国の政府機能が一部停止。国勢調査局もこの影響を受けて、最新の数字が提供されなくなっています。「ガバンメント・シャットダウン」と日本の新聞でも報道されている「米国政府機能一部停止」の影響がこんなところにも出ている、というわけです。

さて、話を元に戻しましょう。

日本でも厚生労働省が似たような数字を公表しています（平成29年「国民生活基礎調査」）。これによると、日本の高齢者（65歳以上）世帯の平均所得額は月27万円、年収319万円です。

もしも、日本の高齢者世帯が米国の平均と同じように月57万円の収入を得ることができたら……。高齢者になっても月57万円の収入！　悪くない数字です。現在の日本の2倍以上の数字です。もし仮にそういったことが現実に起きるとすると、いかに人生100年時代とはいえ、老後の不安など一掃されてしまいそうです。

もっともよく考えてみると、問題は65歳以上に限ったものではありません。

そもそも30代の働き盛りの年収が、米国と日本とでは大きく違うのです。

世帯主が30代の世帯の平均年収は米国が1020万円。これに対して、日本はたったの560万円。

米国も日本も、これは世帯の年収ですので、共働き夫婦の割合が高いと平均の世帯年収は高くなります。また両者とも平均値での比較ですので、米国ではトップ1%と言われる超富裕層が社会全体の数値を引き上げていることも考慮に入れないといけないでしょう。

「それにしても」です。

米国と日本とでは大きな差がついてしまいました。

ところで世帯主が65歳以上の場合、米国でも日本でも主たる収入源は年金となります。

日本の公的年金と同じように米国にもソーシャル・セキュリティといわれる公的年金制度があります。65歳以上の米国人の85%がこの制度のもとで年金を得ていますが、ここでの年金受給額の差が日米の差になっているわけではありません。

というのも、米国人がソーシャル・セキュリティで得ている年金は平均月額15万4000円。日本の場合は、年金受給者の平均月額が14万7000円（老齢基礎年金と老齢厚生年金の合計——平成29年度末現在）ですので、米国と日本で、さほどの違いはありません。

それでは、先ほど述べた日本と米国の「65歳以上の世帯」の大きな違いは、いったいどこから来るのでしょうか。

いくつかの要因が考えられるのですが、そのうちの1つが「401k」です。なんだか暗号のような言葉ですが、これは簡単に言うと年金資金積立制度。実は米国人の3人にひとりが、公的年金とは別に「将来の追加年金のための資金」を若いころから自分で積み立てているのです。毎月の給与のなかからいくらを積み立てるか、そしてそれを何によって運用するかもすべて自分で決めています。この積み立てには税法上の恩典を受けられることから、1980年代以降の米国で、この制度は急速に普及していきました。ちょっと難しい言葉になりますが、確定拠出型の年金制度、通常は401kと呼ばれるものです。

将来の年金のための資金を自分で積み立てて運用しているわけですから、これを行なっている米国人はおのずと金融に対して興味を持つようになり、知識も豊富になっていきます。

実際にこの制度のもとで各個人がどういった先で運用してきたのか、集合値としての結果を見てみると、運用先は株式が50%、債券8%、両者の混合型ファンドが26%で、元本保証のものはたったの10%でした。

そして、振り返ってみると、これはひじょうに賢い運用でした。

というのもこの制度の枠組みが作られた1980年から2018年までの38年間で、米国の株式は24倍以上にも値を上げたからです。こうした環境の下《もと》で、多くの米国人は株式中心に賢く運用し、その結果、老後のための資金を増やすことができたのでした。

人生100年時代と言われる現在、どんなに健康な人であっても80歳になって自分で働き、稼ぐ人は稀《まれ》です。多くの人は80歳以降、あるいは75歳以降を生きていく上での資金を、なんらかの形で事前に準備しておかなければなりません。

自己責任が徹底している米国では、実はこのように「老後に備えて若いころから自分で準備する制度」が整っていたのです。もちろん3分の2の米国人はこれを利用することが出来なかったのか、あるいは利用しなかったのですが……。

ところで日本にも似たような制度（日本版４０１ｋ）があります。しかし歴史も浅く、これを利用している人はたったの６８０万人。就業者数の1割に過ぎません。制度の内容も米国に比べるとかなり見劣りします。

米国の４０１ｋでは、最大で年間２８０万円まで積み立てることができます（50歳未満は年２１０万円）。30歳から60歳まで30年間積み立てるとして、積立可能な累積額は最大で７０００万円となります。これは別の見方をすると、これだけの積立に対して国として税法上のメリットを与えているということです。

少し説明が細かくなりますが、この税法上のメリットについて簡単に説明します。

たとえば30歳で年収７００万円の人が２００万円を４０１ｋに回すと、この人は、個人の所得税を計算する上での「税務上の所得」を７００万円ではなくて５００万円にすることができます。その分、税金がぐんと安くなります。４０１ｋに回した２００万円については、この人がたとえば30年後に定年退職して４０１ｋから資金を引き出すときに所得として認定され課税されます。しかし定年後は年収が低下し税率が全般的に低くなっていますので、全体としてみれば個人にとって税法上のメリットが生じることになります。

「これが決定打だ。国民のみなさんは、これで老後のための資産を形成してほしい」

――そういった米国政府関係者の意気込みがこの制度には感じられます。

残念なことに日本の制度は、米国に比べるとかなり見劣りします。何よりも年間拠出可能額が米国に比べて圧倒的に低いのです（日本の場合、確定拠出年金は個人型と企業型に分かれていますが、個人型で年最大81・6万円、企業型では拠出限度額が個人型よりも更に小さくなります）。

ここで、われわれとしては「米国はいいな」で終わってしまっては意味がありません。たとえ税法上のメリットは米国ほど得られないとしても、「将来のために投資をする」という根本の部分は米国に倣《なら》うことができます。

少子高齢化が進む日本では、これから先、ますます「自己責任」が問われるようになっていきます。いまから6年後、２０２５年には「現役世代（20～64歳）の1・8人が、65歳以上の年金受給者1人を支える」ようになります。かつて（１９６０年）は、その約6倍の人数、つまり現役世代11・2人で、高齢者1人を支えていました。

これではいくら高齢者にやさしい現行の社会保障を維持させたくても、それが難しくなっていくことがお分かりいただけると思います。

われわれは、いつまでも国に頼ってばかりはいられません。

自分の生活は自分で守る。これが基本です。そのためにも現役世代も定年後世代も、将来を見据《す》えた生活設計を考え、自らの資産の運用に真剣に向き合うことが必要になっていきます。金融の基本を学び、自らの資産運用に役立てていく――このことがますます重要になってくるのです。

第1章　ホライズンを広げて考えよう

～井の中の蛙《かわず》になっていませんか

■世界中から資金を集めて成長する米国

1990年代のことですが、当時の米国財務長官ルービンは、クリントン大統領（当時）に対して、こう助言したと言われています。

「大統領としていろいろとやりたいことがあるのでしょうが、歴史に名を残したいのなら、ドル高政策を進めることです」。

それまでの米国では、ルービンのアドバイスとは真逆《まぎやく》に、ドル安にすることこそが米国の輸出を促進し、貿易赤字を解消すると考えられていました。しかし、ルービンの考えは違っていたのです。

財務長官に就任する前の四半世紀をウォール街のゴールドマン・サックスで過ごしたルービンは、ドル高にすることで世界の資金を米国に集めることができると考えました。輸出入といった「もの」の動きよりも、「お金」の動きを重視すべきだと考えたのです。

世界中から集まる資金をテコにして、米国の企業が積極果敢に投資を行ない、経済を成長させていく――彼はこうしたダイナミックな資本主義のモデルが成功すると信じていたのです。

ルービンが20年前に考えたように、現在の米国には世界中から資金が集まってきています。

米国債の42％は外国の投資家によって保有されており、企業が発行する社債の29％も米国人以外の人たちが所有しています。

不動産についても同様です。２０１２年のことですが、ロシア人富豪の娘（当時22歳）が97億円を投じてニューヨークの高級マンション「セントラルパーク西15（15 Central Park West）」（33ページの写真参照）の最上階を購入しました。

ちなみにこのマンションは、セレブが住むことで有名なマンション。

ゴールドマン・サックスの会長、俳優のロバート・デ・ニーロ、デンゼル・ワシントンなどがこのマンションを区分所有したり、ここに居住したりすることで知られています。

ひとつの同じ高層マンションに多くのセレブが集まって居住している——。このことがアメリカで注目を浴び、作家のマイケル・グロスがこのマンションを題材に『とてつもない富の家』（House of Outrageous Fortune）と題する本を著《あらわ》すに至っています。

■日本の枠内だけで考えるべきではない

話がやや横道にそれてしまったので、もとに戻しましょう。

債券や不動産だけではありません。米国の株式も世界中から資金を集めています。このための仕組みも整っていて、市場のいろいろな制度や決まりごとはすべて投資家目線で作られています。

ひとつ例を挙げてみましょう。

たとえばAT&T。日本で言うとNTTに当たる超名門企業です。この会社の前身は電話を発明したグラハム・ベルが興《おこ》した会社。「ワトソン君、ちょっとこっちに来てくれないか」と第一声を発したとして知られる、あのベルです。

このAT&Tに何が起こったのかと言いますと、2015年にダウ平均株価の構成銘柄から落とされてしまいました。いわば、エリートクラスからの落第を宣言されたようなものです。代わりにダウ平均に迎え入れられたのは、iPhoneで有名なアップ

ニューヨークのセントラルパークを望むマンション「セントラルパーク西15」By Thomas Craven

ルでした。

ちなみに2018年にはもう一つの超名門企業、GEがダウ平均株価の構成銘柄から落とされてしまいました。AT&TがグラハムＡ・ベルの興した会社であるとすれば、GEは発明家トーマス・エジソンが設立した会社です。

AT&TやGEのような伝統ある巨大企業でさえ、もう最先端を走っていないと認定されると、ダウ平均株価の構成銘柄から落とされてしまう。厳しいけれど、投資家目線からすれば当然のことです。

これに対して日本はどうでしょう。米国に比べると日本はずっと企業寄りです。たとえば日経平均の構成銘柄であった東芝は、2017年6月に「同年3月末時点ですでに債務超過だった」と東証によって判断されました。しかしその事実をもってしても、すぐには日経平均の構成銘柄から外《はず》されることはありませんでした。

世界中からお金を呼び込もうとしている米国の株式市場では、個人投資家に対する配慮も行き届いています。たとえば日本では単元株制度が取られているため、ユニクロや任天堂のような会社の株主になって株主総会に出席するには、数百万円以上ものお金が必要です。最低取引単位の１００株を買わないと一人前の株主とは認められないからです。

しかし米国の株は1株から買えますので、誰でも2万円もあればアップルやＩＢＭの株主になることが可能です。

配当金も一般的に言って、日本以上に米国のほうが多く支払われます。しかも多くの企業は、年2回ではなくて4回も配当金を支払ってくれます。

このように、日本の投資家にとっては羨《うらや》ましいと思えることが米国には多いのですが、米国賛美が本書の趣旨ではありません。

現在の世界はボーダーレス（国境がなくなっている）。投資家である「あなた」がどこにいようと、お金はいとも簡単に国境を越えていくことができます。日本にいながらにして、われわれ日本人は米国株に投資することができます。米国だけでなく、ヨーロッパ、あるいは中国、東南アジアの株を買うことも可能です。もちろん日本を応援したい人、あるいはこれから10年、20年は日本の時代だと考える人は、日本の株を買えばいいのです。

本章で言いたいことはただ一つ。日本人だからといって、日本の枠内だけで考えるべきではありません。ホライズンを広げて考えてみよう、ということです。

■固定観念の打破

ただ一つと言いましたが、重要な点がもう一つありました。それは日本の投資家にありがちな先入観も、見直してみるべきだということです。

株式はリスクがあって危ないもの——日本人にはそう考える人が少なくありません。「投資＝投機」と誤解し、「株式投資＝素人《しろうと》が手を出してはいけない危険なマネーゲーム」と考える人が多いのです。その半面、ＦＸやビットコインのような投機的マネーゲームを好む人たちも、日本には数多く存在します。

要は、両極端なのです。

適度にリスクを取って、コツコツと時間をかけて、老後のために投資で資産を形成する——どうやら日本人にはそういった姿勢が乏《とぼ》しいように感じられます。

本来お金が必要になるのは、働いて稼ぐことができなくなる「老後」であって、多くの人はそのために投資を考えるべきです。しかしそういった目的を理解しないまま、ただやみくもに株に手を出している人が多いのが、日本の実情です。

羹《あつもの》に懲《こ》りて膾《なます》を吹くと言いますが、過去の失敗がトラウマになっている人もたくさんいます。

典型的なのが「政府がやることだから間違いない」だろうと、政府によるＮＴＴ株第二次売り出し（１９８７年11月）に際して、売り出し価格２５５万円（分割調整後１万２５００円）で株を買った人。このときにＮＴＴ株に手を出した人は、損をして売ってしまったか、あるいはいまだに含み損を抱えて、塩漬けにしたままかのどちらかです。これがきっかけとなって、その後、株式投資から遠ざかってしまったという人も少なくありません。

ちなみに株に「絶対」はありません。「政府がやることだから間違いない」との証券会社のセールストークを鵜呑《うの》みにしてしまったのが、そもそもの間違いです。

世界各国（地域）のGDP推移　（単位：兆ドル）

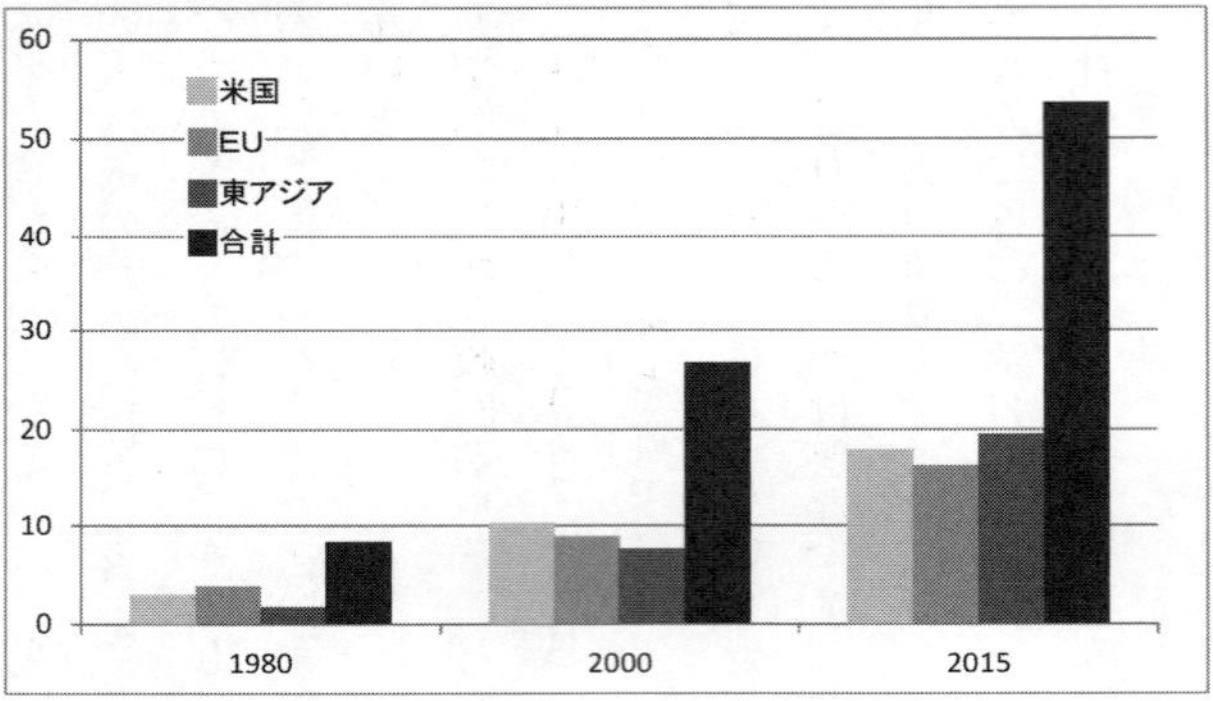

■世界経済の成長の波に乗る

１９８０年から２０１５年までの35年間で、米国、ＥＵ、東アジア（日本、中国、ほか８カ国）を合計したＧＤＰ値は８・４兆ドルから53・６兆ドルへと６倍になったと考えられています（上図参照）。そしてこれから先も、世界経済はトータルとしてみれば拡大していくものと予想されています。

現在77億人の世界人口は、２０３０年までに86億人、２０５０年に98億人、そして２１００年には１１２億人に達すると予測されており、こうした人口の増加は、発展途上国の人たちの生活水準向上に対する渇望とあいまって、経済を拡大させていくエンジンになると考えられているのです。

世界経済の成長がこれから先も続くと予想されているにもかかわらず、この波に乗らずに、資金をただひたすら現預金で眠らせておくのだとしたら、どうでしょう。日本の多くの人たちにとっては常識かもしれませんが、世界の目からすると、これはひじょうに「もったいない」こととして映《うつ》ってしまいます。

■日本の資本主義はまだ発展途上

「ある会社の株を買う」ということは、自分のお金をその会社の経営者に託《たく》すことです。「このお金を使って事業で利益を上げてほしい。そして企業価値を上げることで株価を上昇させてほしい」

そういった願いが、投資家の「株を買う」という行為のなかに込められています。経営者もそういった投資家の思いに応《こた》えようとします。基本になっているのは、「投資家と経営者とが伴走する」という考え方です。

ところが世界の投資家の目からすると、日本の企業の経営者は、投資家からお金を託されているという意識に乏しいように思えてしまいます。その結果、「伴走」というレベルにはなかなか達しません。

投資の神様と言われるウォーレン・バフェットが多額の資産を運用しながら日本株に投資しないのも、「伴走できないと考えているから」なのかもしれません。

1980年代後半から90年代初めのバブルの頃は、日本企業の経営者の多くは、株主から預かったお金、つまり株主資本を「借金と違って返す必要のない無コスト資金」と勘違いしました。結果、多額の転換社債、ワラント債が発行され、巨額増資も行なわれました。

本来、資本は無コストどころか、借金の場合の金利よりも高いコスト（＝資本コスト）を負っているにもかかわらず、こうした間違いを犯してしまったのです。

「これではダメだ。企業は国際標準に近い利益を上げて株主に報《むく》いよう」とばかり、伊藤レポートが発表されたのが2014年8月。これはほんの5年ほど前のことです。

伊藤邦雄一橋大学名誉教授の名を冠《かん》したこのレポートでは「自己資本に対して少な

くとも８％の利益を上げるべき」との呼びかけが企業に対してなされました。ちなみにこの比率は自己資本利益率（ＲＯＥ）と呼ばれるものですが、最近になってようやく東証一部企業の平均ＲＯＥが予想利益ベースで９％を超えるようになりました。

しかしながらいったいどれだけの経営者が、株主が企業に求める「資本コスト」を意識して経営に当たっているのでしょうか。政府（経済産業省）が主導した伊藤レポートで８％と言われたので、とりあえずＲＯＥはこれを超えるところまで持っていこう——おおかたの経営者の意識は、こういったレベルです。

これでは米国の水準（ＲＯＥ14％）は見えてきません。ちなみにアップルの最近時（18年９月末）のＲＯＥは実に56％。バフェットが投資しているコカ・コーラのＲＯＥは38％です（18年12月末）。

そもそも米国の場合、資本コストを上回るＲＯＥは経営の大前提であり、株主もこれを経営目標にすることを（当たり前すぎて）求めていません。日本の経営者のレベルはまだ周回遅れ、といった状況なのです。

■日本の株価は、GPIFと日銀による「買い」で下駄を履《は》いている

アベノミクス以降に始まったことですが、日本では「GPIF」（年金積立金管理運用独立行政法人）も、そして「日銀」も、積極的に日本株を買っています。

GPIFは2014年10月に国内株での運用比率目標を12％から25％に引き上げました。2018年9月末の日本株の運用残高は44兆円。

一方の日銀ですが、ETF（Exchange Traded Funds＝上場しているファンド）の形で積極的に日本株を購入。簿価ベースで残高24兆円にまで積み上げています。両者を合わせると、68兆円。これは日本株全体の時価総額644兆円の1割を超えるに至っています。

日本経済新聞によれば、アドバンテストの株式の19％、ファーストリテイリング（ユニクロ）の18％は、日銀が実質的に保有していると試算されるとのこと。

これはいったい何を意味するのでしょうか。

日本の株価は、GPIFと日銀による買いで嵩上《かさあ》げされている（要は、下駄を履いている）ということです。

こうした異常な状態が未来永劫続くことはありません。市場に出回っている株式数は有限です。したがっていずれかの時点で日銀は、いまの政策を続けたくても続けられなくなります。

すると、いったい何が起きるでしょうか。

まずは第1ステップとして日銀はETFの買い入れ額を減らすようにするでしょう（それだけでもマーケットは動揺し、売りにつながります）。

第2ステップは日銀によるETF買い入れの終焉。

そして第3ステップは日銀が持っているETFを処分し始めることです（本来的には市場で売却すべきだが何らかの奇策を講じることもありえる）。

■日本にいる以上は避けられない、地震リスク

日本株には、地震リスクもつきまといます。

政府の地震調査委員会によると、南海トラフでマグニチュード8・0以上の地震が30年以内に発生する確率は70～80％です。実はこの数字、従来の「70％程度」から2

018年に入って「70～80％」に引き上げられています。

東京はどうでしょう。少し前のデータですが、2013年末に内閣府が発表した試算では、首都直下型地震の発生確率はマグニチュード7クラスで30年以内に70％。たとえあなたが今60歳であっても、90歳までの間に大地震に遭遇する可能性はひじょうに高いのです。

日本に住む以上は、地震リスクは避けられません。生命が危機にさらされるリスク、勤めている会社が倒産してしまうリスク、そして住んでいる家が倒壊するリスク……。

であれば、少なくとも保有する金融資産に関しては、一部を地震リスクから遮断《しゃだん》する形にしておく、そうした観点からのポートフォリオ構築（つまり日本株だけに頼らないポートフォリオの構築）も検討しておく必要がありそうです。

このように、投資なり金融を考える上では、日本の枠内で考えることはせずに、ホライズンを広げて考えてみることが必要です。

Quiz １　米国の株式は１９８０年から２０１８年の38年間で24倍にもなったが、この間、日本の株式は10倍程度の上昇にとどまっている（○ or ×）

答え　×　いいえ、10倍どころか、日本の平均株価指数である日経平均株価はたったの２・８倍にしか値を上げていません。

■リスクに見合うリターンを上げてこなかった日本株投資

日本の場合、38年もかけて２・８倍ですから、年率平均に直すと、年わずか２・８％の増加です。

１９８０年末の日経平均株価　７１１６円
２０１８年末の日経平均株価　２万００１４円（２・８倍）

この間に米国の平均株価指数であるダウ平均株価は24倍にも値を上げました（米国は年率平均8・7％増）。

1980年末のダウ平均株価　963ドル
2018年末のダウ平均株価　2万3327ドル（24倍）

日本では残念ながら、株式投資はこれまでリスクに見合うリターンを上げてきませんでした。1980年から2018年という運用期間で見ると、株式ではなく国債で運用したほうがリターンは高かったのです。

なお1980年から2018年という期間は、恣意《しい》的に取ったのではありません。80年というと、日本はバブルが始まるよりもかなり前。つまりバブルの影響を捨象《しやしよう》して見るためにここまで遡《さかのぼ》りました。それと、本書の「序章」でも触れましたが、米国で401Kと称される「将来の追加年金のための資金運用」の制度設計がなされたのが１９８０年です。

そこで１９８０年と２０１８年の株価を比べてみたのですが、結果は日米で大きな差がついてしまいました。

つまり、米国の株式に資金を投じた人は、38年後になってみると、日本の株式に投じた人に比べて９倍もの金額を手にしたのです（ここでは為替の影響は捨象して考えています）。

■働いている間にコツコツと毎月投資する

38年というのはどれくらいの期間なのか、想像しにくいかもしれません。22歳で大学を卒業して社会人になった人が60歳になる、これが38年後です。

働いている間に毎月の給与からコツコツと将来のためにお金を投資に回し、定年が視野に入り始めたときになって自分の年金資金を確認してみる。すると、これまでの「コツコツ投資」が大きなリターンを上げていた。そんな人が米国にはたくさんいるのです。

ちなみに20年前、30年前、あるいは40年前といった具合に、いずれの時間軸で比較してみても、日本と米国では同じように大きな差がついてしまっています。

【20年前との比較】
日経平均　1万3842円→2万0014円　1・4倍
ダウ平均　9181ドル→2万3327ドル　2・5倍

【30年前との比較】
日経平均　3万0159円→2万0014円　▲34%
ダウ平均　2168ドル→2万3327ドル　10・8倍

【40年前との比較】
日経平均　6001円→2万0014円　3・3倍
ダウ平均　805ドル→2万3327ドル　29・0倍

Quiz 2　米国株がいくら上昇したからといって、投資対象としては不適格だ。日本人は円ベースの経済圏にいる。円高になって為替差損が生じれば損をしてしまう（○ or ×）

答え　△　短期で見れば、たしかに為替の動向によってかなり影響を受けます。しかしそもそも多くの人がお金を必要とするのは、将来高齢になって働けなくなったとき。このときに誰もがお金を必要とします。

将来必要とするお金という「長期の時間軸」で見た場合、これまで米国株の値上がりが10倍以上になってきたのに対して、ドル・円の為替はそんなに変化しませんでした。

■トレーディングか、運用か

はじめに、投資には2つのパターンがあることを押さえておきましょう。ひとつは売ったり買ったりを繰り返すタイプ。

才能ある人は別ですが、ほかに職業（本業）を持つビジネスマンなどがこのタイプの投資で、しかるべき成績を収めるのは至難の業。

プロのトレーダーは、四六時中、複数のモニターを、目を凝らして眺めつづけています。普通の人はこうしたプロを相手になかなか勝つことができません。最近では人工知能もこの分野に進出してきて、シロウトが勝つことはますます難しくなってきました。

もうひとつのタイプは、10年、20年と長期的な運用を行なっていくタイプです。

多くの人にとってお金が必要となるのは老後です。高齢になって働けなくなる時のために、現役時代に毎月の給与の中から少しずつ運用に回す。あるいはたとえあなたが現在60歳であって、退職金を手にしたとしても、これを一気に株式投資に回すのではなくて、少しずつ小出しにして運用に回していくことが望ましい投資法です（このことについては後で述べます）。

実際のところ、定年で退職した人は、必ずしも直ちに退職金に手を付ける必要が生じるわけではありません。厚生労働省の調べでは24％の人が企業年金制度に加入しています。たとえば期間15年間とか20年間といった具合に、有期の企業年金をもらえる人は、企業年金の支給が終了となるタイミングで、退職金を取り崩す必要が生じるケースが多いようです。

企業年金が無い人であっても、退職金は退職後30年間といったスパンで少しずつ使っていくものですから、使わない分についてはその大半を銀行や郵貯の預金に置くとしても、一部については運用を考えるようになるかもしれません。

いずれにせよ普通の人には、売ったり買ったりを繰り返すのではなくて、ある程度、中長期的なスパンに立った投資スタイルが理想です。そして多くの米国人はこのようにして70歳あるいは80歳になってから使うための資産を増やしてきました。

こうした中長期的スパンに立っての運用を見た場合、為替の影響よりも株価の高低のほうがはるかに大きな意味を持ってきます。

実際に、過去のある時点で１００万円を日経平均株価とダウ平均株価に投じた場合の「円ベースのリターン」を比較してみましょう。ダウに投じる場合はその時点での為替レートで円をドルに交換してダウに投資し、現在（2018年末）の為替レート（110円）でふたたび円に戻すことにします。こうすれば円ベースでのリターンを比較し、検証することができます。

【20年前との比較】

◆日経平均を100万円買う
当時の日経平均は1万3842円なので72・24口を購入
↓
現在の日経平均は2万0014円なので、当時の100万円（72・24口）は144万円になった

結果 1・4倍

◆100万円をドルに換えてダウ平均を買う
当時の為替レートは116円／$なので、100万円は8620ドルになっ

た

このときのダウ平均株価は9181ドルなので0・94口を購入できた

↓

現在のダウ平均株価は2万3327ドルなので、0・94口のダウは、2万1927ドルになった

これを現時点での為替レート110円／$で円に戻すと、円ベースで、241万円になった

結果　2・4倍

同じように30年前、40年前も計算することができます。

【30年前との比較】

日経平均　3万0159円→2万0014円　▲34％

ダウ平均　円ベースでのリターン　9・5倍

（当時の為替レート125円／$で円をドルに交換して運用）
ダウは2168ドル→2万3327ドルに変化したので、当時の100万円（8000ドル）は8万6077ドルになった。これは現在947万円
結果　9・5倍

【40年前との比較】
日経平均　6001円→2万0014円　3・3倍
ダウ平均　円ベースでのリターン　16・4倍

（当時の為替レート194円／$で円をドルに交換して運用）
ダウは805ドル→2万3327ドルに変化したので、当時の100万円（5154ドル）は14万9350ドルになった。これは現在1643万円
結果　16・4倍

どうでしょう。20年、30年、40年といずれの時間軸で検証してみても、ダウ平均で運用したほうが円ベースで見ても圧倒的に高いリターンをあげることができました。

もちろん過去は過去であって、将来を予見することにはつながりません。しかしこれから20年後、ドルベースのダウが日経平均の２倍のペースで上昇すると仮定して（過去の実績を考えると、けっして非常識な想定ではありません）、日米の株価の上昇格差を帳消しにする為替レートは１ドル＝55円です（１ドル＝１１０円の半分）。

もちろんそれでも心配な人がいるかもしれません。

このあたりについては第３章で、もう少し詳しく考えていくことにします。

Quiz ３　日本の株価は30年前よりも低い水準にある。これに対して、米国の株価は10倍以上にもなった。この差は、日本がバブル崩壊とその後の失われた20年を経験したからだ（○ or ×）

答え　△　たしかに日本サイドの要因としてはバブル崩壊とその後の失われた20年なり30年が挙げられますが、それだけでは日米の大きな差にはなりません。いちばんの大きな要因は米国株が30年の間に10倍以上も値上がりしたことです。

■株の初心者がまず考えてみるべき投資

なぜアメリカの株式は30年間で10倍以上にも値を上げたのでしょうか。

ひとつには30年間でアメリカのＧＤＰは４倍になりました（４兆８５５０億ドル→19兆４８５０億ドル）。この間、日本のＧＤＰは１・５倍になっただけです（３６６兆円→５４７兆円）。

もうひとつの見逃せない要因は、アメリカの平均株価指標として使われるダウ平均株価の仕組みにあります。

ここではそのへんのところを詳しく見ていきましょう。

投資初心者にとって株式投資を成功に導く秘訣のようなものが、実はダウ平均株価の仕組みに凝縮されているからです。

結論を先に書いてしまいますと、ダウ平均株価は長期投資という観点から見た場合、「もっとも安全で確実なリターンを生《う》みうる投資対象のひとつである」と、私は考えています。もちろん株式投資である以上、元本は保証されておらず、リスクはあります。しかし初心者にとっては、実はダウへの投資がいちばんのお勧めなのです。

■ダウ平均株価は、世界のエリート軍団で形成されている

ダウ平均株価指数は、正式には「ダウ・ジョーンズ工業株30種平均株価」（Dow Jones Industrial Average）と言います。「工業」という名がついていますが、いわゆる伝統的な「工業株」に限定されるものではありません。米国市場全体を計る基準として使われ、金融界、技術（テクノロジー）業界、小売業、娯楽産業、消費財市場といった具合に、さまざまな業種の企業で構成されています。

ダウ平均株価も日経平均株価も、どちらも一国の株式市場の平均株価を表わす指標

ダウ平均株価に採用されている会社

会社名（日本文：呼称）	（英文一般呼称）	採用された年
スリーエム	(3M)	1976
アメリカン・エキスプレス	(AMEX)	1982
アップル	(Apple)	2015
ボーイング	(Boeing)	1987
キャタピラー	(Caterpillar)	1991
シェブロン	(Chevron)	2008
シスコ	(Cisco Bystems)	2009
コカ・コーラ	(Coca-Cola)	1987
ダウ・デュポン	(Dow Dupont)	2017
エクソンモービル	(Rxxon Mobil)	1928
ゴールドマン・サックス	(Goldman Sachs)	2019
ホームデポ	(Home Depot)	1999
ＩＢＭ	(IBM)	1979
インテル	(Intel)	1999
ジョンソン＆ジョンソン	(Johnson & Johnson)	1997
ＪＰモルガン	(JPMorgan)	1991
マクドナルド	(McDonald's)	1995
メルク	(Merck)	1979
マイクロソフト	(Micrsoft)	1999
ナイキ	(Nike)	2013
ファイザー	(Pfizer)	2004
Ｐ＆Ｇ	(Procter & Gamble)	1932
トラベラーズ	(Travelers)	2009
ユナイテッド・ヘルス	(United Health)	2012
ユナイテッド・テクノ	(United Technologies)	1939
ベライゾン	(Verizon)	2004
ビザ	(VISA)	2019
ウォルマート	(Wal-Mart)	1997
ウォルグリーン	(Walgreens)	2019
ディズニー	(Walt Disney)	1991

です。

しかし両者には根本的に異なる点が２つあります。

一つは、日経平均株価が２２５社の株価から成り立っているのに対して、ダウ平均株価を構成するのはたったの30社。具体的には右の表の30社です。

これを見ると、ダウ平均株価指数が、アメリカを（いや「世界を」と言っても過言でないかもしれません）代表する銘柄から成り立っていることがお分かりいただけると思います。

読者のみなさんも、たとえばマクドナルドのハンバーガーを食べたり、コカ・コーラを飲んだりと、おそらくこの表の半分くらいの会社と何らかの接点を持っているのではないでしょうか。

これに対して日経平均は２２５社もの会社の株式で成り立っています。日本の会社であってもこの２２５社のなかには日本の読者にとってなじみのない会社も多いはずです。

なじみがないだけならまだマシなのですが、なかには不正会計や検査データ改ざんなどの問題が発覚して株価が下落し続ける会社も含まれています。

■定期的な銘柄入れ替え

一方のダウ平均株価はエリート銘柄のみから成り立っている、いわば「スーパースター軍団」。常に好調な企業が入るように、定期的に構成銘柄が入れ替えられています。

たとえば、すでに説明したように、2015年3月にはアップルがダウ平均銘柄に採用されました。実はこれより3年前の2012年から、アップルは世界最大の時価総額を持つようになっていました。

ダウ平均採用銘柄を決める「S&P Dow Jones Indices 社」(以下 S&P Dow 社)としては、世界最大の価値を誇るアップルをダウに迎え入れるべく準備を開始していました。しかしアップルを入れるためには、どこか別の会社をダウから外さなくてはなりません。なにせダウの構成銘柄はたったの30社。しかも脱落候補はアップルと比較的近い業種の会社から選ばないことには、30社による業種的バランスを崩してしまいます。

こうして不幸にも脱落すべき会社として選ばれてしまったのが通信大手のＡＴ＆Ｔでした。日本で言えばＮＴＴのような超巨大企業で、優良会社です。しかしこうした会社であっても、ダウ平均採用銘柄を決めるS&P Dow社は、ダウから外す決断を下したのでした。

もう一つ。２０１８年６月には、株価の下落が続いたＧＥに引導を渡してダウ平均から除外しました。代わりにドラッグストア大手のウォルグリーンを迎え入れています。

想像してみてください。もしも日本経済新聞社が「ＮＴＴを日経平均から外す」としたらどうなるか。きっと日本中が大騒ぎをして大問題になるに違いありません。ＮＴＴグループ各社は、日経新聞への広告出稿を取り止めてしまうかもしれません。

なおダウ平均株価の構成銘柄の入れ替えは比較的頻繁に行なわれており、現在の30社のうち、12社までが２０００年以降にダウに迎え入れられた銘柄です。

■銘柄入れ替えは成功したのか

実際にAT&Tからアップルへの銘柄入れ替えは、ダウ平均株価指数への投資家の視点で見た場合、成功したのでしょうか。

アップルの株価はダウに採用された初日（2015年3月19日）から2018年末までの4年弱の間に22％ほど値を上げました（128ドル→156ドル）。この同じ期間に落とされたほうのAT&Tは、15％ほど下落しています（33ドル→28ドル）。やはり銘柄の入れ替えはダウをいっそう強く押し上げることに貢献したのです。

このような仕組みになっているのが、ダウ平均株価です。

時代をリードし、株価が上昇すると予見されるような企業が新たにダウ平均に組み入れられると、代わりに落とされる企業が必ず出てきます。常にエリート集団から構成されるように、新陳代謝が意図的に図られているのです。

実際に1896年に現在のような形でダウ平均株価の算出が開始されて以降、ずっと採用銘柄に留まり続けた会社は1社もありません。

現在ある30社のすべてが入れ替えの結果（つまりどこか別の会社を蹴落として）、ダウに採用されるに至っているのです。

■成長が期待される国で事業をしている会社の株価で形成されている、ダウ

ダウ平均株価と日経平均のもう一つの違い。それはダウに採用されている会社はどこも世界的規模で事業を展開しているという点です。

株式投資の王道は、成長が期待される市場で事業を展開している会社の株を買うことです。いかに立派な会社であっても、マーケット全体が縮小していくことが予想される場合は、企業は好業績を上げ続けるのが難しくなります。

それではどこの市場がこれから先もっとも成長していくと期待されるのでしょうか。それは世界経済です。世界の人口は77億人。２０５０年には98億人になると推定されています。

これから人口が増え、市場が拡大していく世界経済は、まだまだ成長することが期待されます。

このような観点から見てもダウ平均株価は魅力的です。アップル、ＩＢＭ、マクド

ナルドなど、ダウを構成する30社の多くは世界市場に進出し、そこで収益を得る地歩を築き上げているからです。

これに比べると日経平均に採用されている225社の中には、日本オンリー、あるいは日本の地方都市オンリーの会社も少なくありません。

別にそれが悪いわけではないのですが、世界の投資家の視点からすると、日本市場は「人口が減少し縮小が見込まれる市場」と見えてしまいます。日本市場のみを相手にしている会社を含む日経平均は、やはり魅力度の点でダウ平均に比べて劣後して見えてしまうのです。

■過去40年間のダウ平均株価の動きをチャートにしてみると……

過去40年間のダウ平均株価の動きをチャートにしたのが左のグラフです。２０００年のＩＴバブル崩壊、２００８年のリーマンショックから始まった下落の時期を除いて、ダウ平均株価は基本的に、右肩上がりの線を描いてきています。

さらにこのチャートを見ると気がつくことがあります。

過去40年間のダウ平均チャート

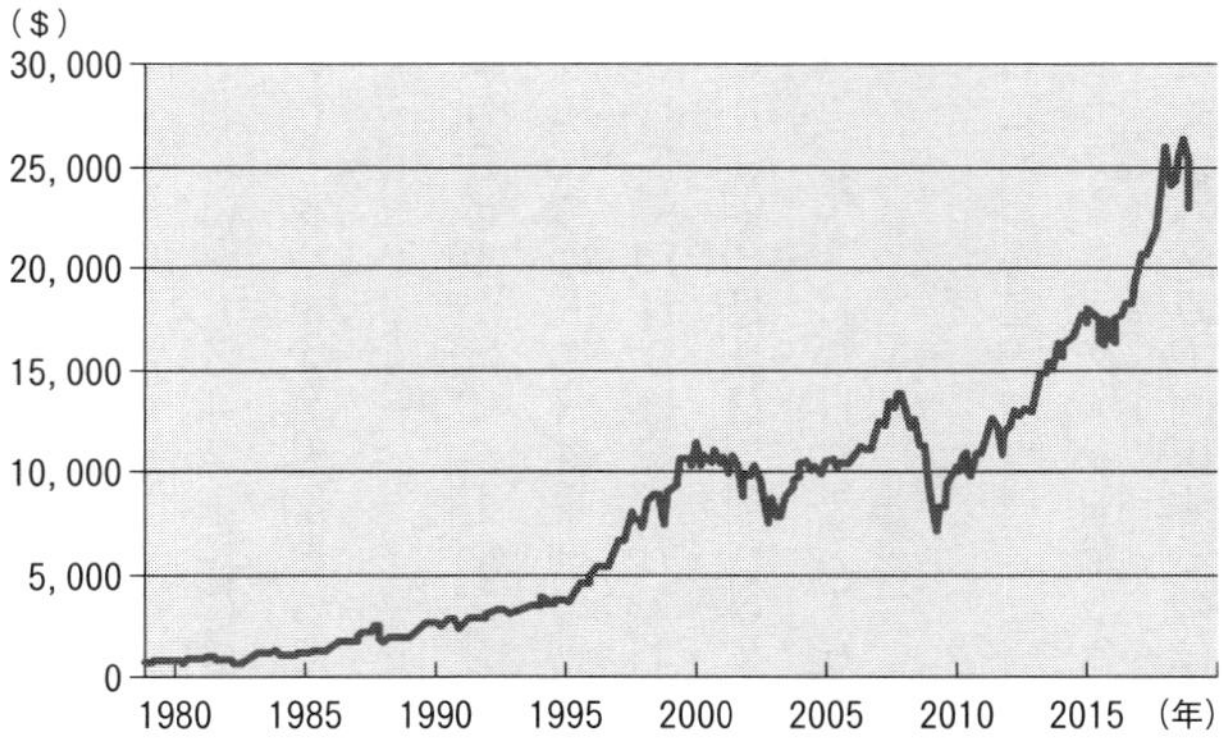

それは、たとえダウの下落基調が続いたとしても、続くのはせいぜい3年間程度。

3年もすれば下落は収まり、上昇基調に転じていくという動きです。

上昇に転じた後は、それまでの下落分は数年で穴埋めされ、やがてはそれまで以上の上昇を遂げて新しい高値を追求していく――過去のチャートからはそういった動きが読み取れます。

■5年半かけてリーマンショック前の高値を更新

ボルカー元FRB議長が「究極の大危機(Mother of All Crises)」と形容したリーマンショックのときはどうだったでしょうか。

リーマンショックの約1年前、2007年10月9日に、ダウ平均株価はそれまでの史上最高値1万4164ドルを記録します。その後、ダウは下落に転じ、2009年3月9日には、6547ドルになります。それまでのピークの46%の水準です。

この後、ダウは上昇基調となり、2013年3月5日に、ふたたび史上最高値を達成(1万4253ドル)。

つまり5年半かけてリーマンショック前の高値を更新したことになります。

ちなみにこの間の日経平均の動きを追ってみると、

2007年10月9日　1万7159円
2009年3月9日　7086円(2007年10月9日レベルの41%)
2013年3月5日　1万1683円(2007年10月9日レベルの68%)

要はこういうことです。

リーマンショックは米国発の金融危機だったにもかかわらず、日経平均のほうがより激しく落ち込み、回復するのにも、より長い時間を要しました。米国でダウがリーマンショック前の高値を更新したとき、日経平均はまだ2007年10月の68％のレベルに過ぎなかったのです。

日経平均が、リーマンショック前の高値（2001年以降の高値。具体的には2007年7月9日の1万8261円）を超えたのは、なんと2015年2月19日。回復するのに7年半（ダウの場合は5年半）もかかってしまいました。

■唯一の例外は1929年の大恐慌

基本的に右肩上がりのダウにおいて、唯一の例外とも言える「赤信号」は1929年の大恐慌です。このときはリーマンショックのような5年半どころではなく、もっとずっと長期にわたって株価が回復しませんでした。

大恐慌が起きたのは1929年の10月24日。「暗黒の木曜日」と呼ばれています。ニューヨーク株式市場は大暴落となり、絶望のあまり自殺する人も現われました。しかしながらこの日、午前中には株式市場はたしかに11％の下落となったのですが、午後になると相場は急回復し、結局のところ1日を通じて2％しか株式相場は下落しませんでした。2%というのは今日われわれが、ほぼ日常的に、と言っていいほど、頻繁に経験する株価変動です。

しかし暗黒の木曜日の翌週となって事態は一気に深刻化します。翌週の10月28日(月曜日)、株価は12・8%下落。その翌日の29日(火曜日)、11・7%下落……。

株価は反転を見せることもありましたが、基本的には下落基調を続け、1929年9月3日につけた高値381ドルに比して、翌年7月にはなんと、その9分の1にまで下落してしまいます。そして元の水準にまで回復するのに、25年もかかってしまったのでした。

これに鑑《かんが》みると、軽々に「ダウ平均株価に投資していれば大丈夫、5~6年すればたとえ大暴落しても元に戻る」などと言えなくなってしまいます。

仮に大恐慌と同じことが起こると仮定すると、30歳のあなたが行なった株式投資は33歳まで下落を続け、その後、元の水準に戻るのは55歳の時。サラリーマン人生の大半を、含み損を抱えたまま過ごすことになってしまいます。

しかしこの前提には注意点があります。それは、これが、30歳の時に株式投資を行

25年間かけて世界大恐慌前の水準に回復したダウ平均株価

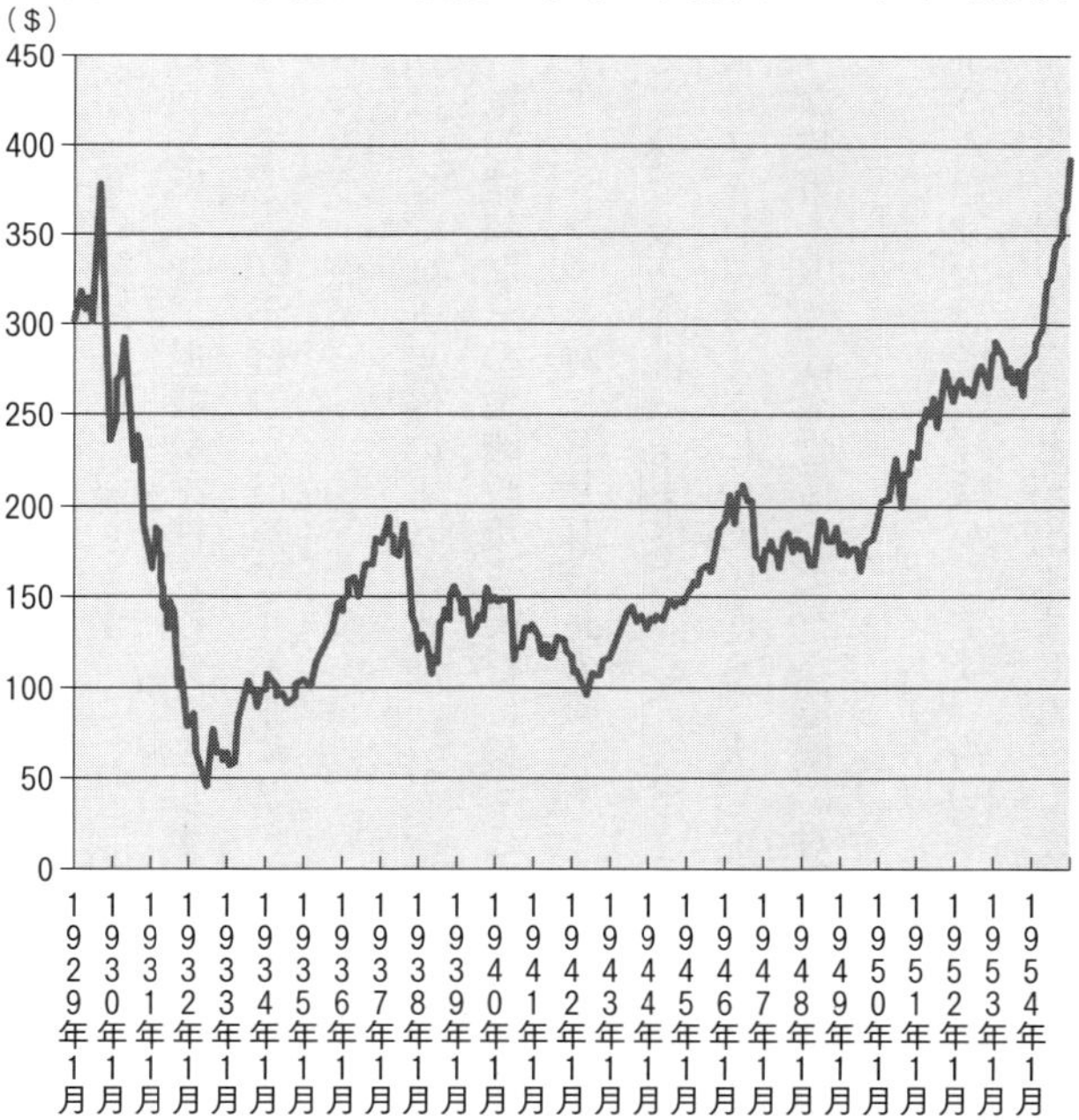

ない、以降はいっさい株に投資をするのを止めたときのケースだということです。

　これまで何度か説明してきたように、老後にむけた資産形成のために、30歳以降も株式投資を同額続けていたとすれば、たとえ大恐慌前に投資を始め、その直後に大恐慌を経験したとしても、20年経《た》った時点で年率平均

7・86%の利回りを達成、債券投資の2倍以上のリターンを獲得していたことになります（第2章のQuiz 10で詳説します）。これは60歳の人が、75歳、あるいは80歳以降に使おうと思って、退職金を株式投資に少しずつ回していく場合も同じです。大恐慌のさなかでも、20年経った時点で年率平均7・86%の利回りが達成されます。

さらにもう一点。

人類は、今では大恐慌のような事態に対して当時よりも効果的（と思われる）財政政策、量的緩和などの金融政策を実行に移すことが出来ます。

リーマンショック時にFRB議長の職にあったバーナンキは、かつてスタンフォードのビジネススクールで教鞭を執っていました。ちょうど私が留学していたときです。彼はスタンフォードにいた頃から、大恐慌について研究していて、中央銀行がどのような政策を取れば大恐慌のような危機に対処することが出来るかを考えていたのです。

つまり人類は大恐慌の経験から学び、約80年後、リーマンショックが起きたときには、より賢く対処することが出来ました。したがって、これから先、リーマンショック級の危機が再度訪れるにしても大恐慌時のように25年もかけて元に戻るといった事態に陥ることはないと信じたいところです（もちろん再三にわたって述べているように、株に「絶対」はありませんが……）。

話が多岐にわたりましたが、Quiz ３では、ダウ平均株価指数が過去30年の間に10倍以上も値上がりしたことの理由を探りました。

なお読者の中には、ダウ平均株価指数に投資するよりも全米５００社の株価を指数化した「S&P５００」、もしくは日本を除く先進国22カ国の有力企業の株価を指数化した「MSCIコクサイ」のほうが、よりいっそう分散が図られリスクを縮小できるのではないかと考える方もおられると思います。実はそうではないのですが、これについては第3章で述べます。

Quiz 4　金融を学んだところで個人の資産運用に役立つくらいで、社会的意義に乏しい。国全体の経済がそれで変わるわけではない（〇 or ×）

答え　×　いいえ、一人ひとりが金融を学ぶことで経済はより成長していくようになります。

■カネ、モノ、ヒトの効率的配分

金融は、（1）お金を出す人、つまり投資家と、（2）お金を受け取ってこれを使う企業の両方の側から見ることができます。

投資家の立場からの金融は、どういった企業の株を買えば値を上げるかといった投資戦略、資産運用論的な話が中心になります。

他方、お金を使う企業の立場からすると、どういった先からどういった資金を調達すべきか、証券会社を使って株を発行するのか、あるいは銀行から借り入れるかといった資金調達の話から始まって、調達したお金をどういった判断基準で投資に回していくのかといった視点も重要になってきます。そして最終的にはどうすれば企業の長期的な成長を達成できるか、それを可能にする財務戦略はどうあるべきかが問われます。

金融の両サイド、すなわち運用する側（投資家）と調達する側（企業）はマーケット（市場）で出会います。市場が効率的に機能して価格が決定されることで、おカネ（資金）は効率的に配分されるようになります。

もう少し別な表現をしてみましょう。

投資家は企業を見極める目を養い、資金を効率的に成長のために使ってくれそうな企業に投資をします。一方で企業もそうした投資家の期待に応えて資金を使います。この両者をつなぐ市場も、投資家に対して効率的に情報を伝達します。これらの結果、市場を通じて、資金が効率的に配分されるようになっていきます。

投資家の目が濁っていたり、市場で正しい情報が伝わらず歪んでしまったりした場合には、資金が本来行くべきところ（成長性の高いところ、資金が効率的に使われるところ）に行くことが出来ません。その結果、「カネ」「モノ」「ヒト」が効率的に配分されなくなり、経済は目一杯成長することが出来なくなってしまいます。

■株価決定のメカニズムを通じた企業価値の創造

たとえば日本を代表する航空会社、いわゆるナショナル・フラッグ・キャリアとして1970年代以降、長きにわたって大学生の就職希望ランキング上位に君臨し続けてきた日本航空（日航）。この会社は今から9年前の2010年にいったん破綻してしまいました。

よもや日航が倒産することなどあるまい、そう思って株を買っていた人たちが保有していた虎の子の資産はまったくの無価値になってしまいました。株価＝ゼロ円です。

このとき投資家の人たちが企業を見る目を持っていれば、破綻していく企業への投資は避けられたでしょうし、一方の経営陣たちも投資家から受け入れた資金をもっと効率的に使っていれば、会社を破綻させてしまうことなどなかったのかもしれません。

そもそも、どうして米国の株価は日本の株価の10倍近くも値上がりしたのでしょうか。Quiz 3ではこの問題を取り上げ、（1）GDPの成長に日本と米国との間では大きな差があった、(2)米国のダウ平均銘柄に採用されている会社は世界経済の成長果実を享受できるポジションにあるといった2つの側面から説明しましたが、日米両国の企業の行動様式にも差がありました。

最近でこそ日本企業はROE(自己資本利益率)を重視するように行動形態を変えつつありますが、数年前までは売上中心、マーケットシェア中心の考え方が主流で、利益を軽視してきました。株主から与えられた資金を使って「利益を上げる」＝「価値を創造する」という資本主義の本筋を理解することなく企業経営が行なわれてしまっていたのです。

Quiz 5　米国の企業は(若干の例外を除き)株主優待を行なわない(○ or ×)

答え　○　米国の企業は若干の例外を除き株主優待を行ないません。たとえばダウ平均株価採用銘柄の30社で株主優待を行なっているところはありません。企業は株主のものであり、株主優待とは、株主が自分の資産を取り崩して自分に支払う行為です。つまり会社から財産が流出したら、それは株主の負担になるということです。

ですから基本的には「行って来い」の関係で、株主優待を行なおうと行なうまいと、経済効果は等しい（タコが自分の足を食うような関係）のですが、配当金（現金）と違って優待の内容から得られる便益は大部分の株主にとっては現金以下の価値しかありません。

また株主優待を行なうことの事務コスト（郵送料、労働コスト）も馬鹿にならず、その分だけ株主にとっての企業価値は毀損《きそん》されます（つまり理論的には優待実施後には「優待の経済価値＋アルファ」分だけ株価が下がります）。

■日本の常識は世界の非常識？

日本では上場企業の36％が株主優待を行なっています。

理論的には上述したように、企業にとっても投資家にとっても、株主優待はマイナスの意味しか持たないのですが、企業は株主のものであるという意識が乏しく、経営者も株主から与えられた資金を使って「利益を上げる」＝「価値を創造する」という意識に乏しいことから、いびつな慣行がまかり通ってしまっています。

株主優待の話はこの位にして日本の株が米国に比して値を上げていかない、もう1つの理由を挙げておきましょう。それは、

「日本では敵対的買収、つまり買収されることになる企業の経営陣が反対するようなM＆Aがほとんど行なわれておらず、結果的に株価が上がりにくくなっている」

ということです。

これは私が長年M＆Aのアドバイザーの仕事をしてきたことから、特に強く感じることなのですが、米国の企業は株価が安くなりすぎると経営陣は買収されてしまうことを恐れるようになります。

安くなった企業の株を全部買って、これを支配し、新たに経営陣を送り込むことによって株価を上げる。こう考える買収者が出現するからです。

このような形で買収が行なわれることは、結果的に株価を下支えするのに、役立ち

ます。

言ってみれば、株価には「これ以上は下がらない」という下限が存在するのです。下限を超えて下がれば、買収者が現われ、M&Aで企業の全株が買収されてしまうからです。

一方、日本では敵対的買収がほとんど起きません。したがって株価がどんなに安くなろうと、「こんなに安いなら全株買ってしまおう」という買収者が出現してきません。

結果的に株価は一方的に下がり続け、最終的には（ひと昔前の日本航空のように）ゼロになって、会社は破綻してしまうのです（もちろん米国でもエンロンのように適切な情報が開示されず、買収者が現われる前に破綻してしまう企業もあります。ちなみにエンロンの経営者は逮捕・訴追されました）。

日本では力のない経営陣が自らの地位を守るために、「経営者にとって好ましくない買収」が行なわれないよう、前もって「買収防衛策」を導入している企業も少なくありません。

このためM&Aによる株価の是正が起こりにくく、その結果、不適格な経営陣が会社に居残り続けてしまいます。市場の力によって退場させられることが起こらないのです。

Quiz 6　米国の企業は四半期ごとに業績発表をするなど短期的視点で経営する。これに対して、日本企業のほうが長期的視点に立った経営が出来ている（◯ or ×）

答え　×　米国の企業は四半期ごとの業績を気にはしますが、それをもって短期的視点で経営すると結論するのは間違いです。日本でも米国でも優良な企業はひじょうに長期的に戦略を考えています。

■投資銀行の会長の自宅を訪問

私が米国の投資銀行A社に入社して、1カ月ほどしたときのことです。ニューヨークで年1回の「マネージング・ダイレクター会議」が行なわれました。投資銀行は、株式部、債券部、投資銀行部などの各部門から成り立っており、年1回のこの会議は、全世界に散らばる各部門のマネージング・ダイレクターが一堂に会するというものでした。

当時の投資銀行ではマネージング・ダイレクターの数が現在ほど多くはなく、日本から参加した日本人は総勢5名。もっとも全世界からの参加者は百名を超える規模に達していました。

この機会に、私は他のマネージング・ダイレクター3名と共にA社の会長（CEO）の自宅に招待されました（日本人で招待されたのは私一人でした）。

会長はニューヨーク郊外に大きな家を持っていましたが、週のほとんどはマンハッタンのセカンド・ハウスを自宅として使っていました。このセカンド・ハウスで夕食をとりながら、会長から直接、彼が日本マーケットをどう見ているのか、対日戦略をどう考えているか、といった話を聞かされました。

この時、印象に残ったのは、会長が日本についてひじょうに詳しく、明確な戦略を持っていたことです。私から説明する必要などほとんどなく、大半の時間彼が話していました。

「日本のマーケットは難しい。特に投資銀行業務（M&A）の分野ではG社が先行しています。われわれとしては、ここ2～3年の間にG社に追いつけるなどとは考えていません。したがってあなたもじっくりと腰を落ち着けて業務にあたってください。たとえば7年後くらいに結果を出してくれればよいのです。7年間、たとえあなたがまったく実績を上げられなくてもかまいません。その代わり、7年後に仮にソニーやパナソニックといったような日本の大企業同士が合併するとした場合、アドバイザーとして競争相手のG社ではなく、当社の名前を見たいのです」。

会長から直接この話を聞かされ、私はずいぶんと肩の荷が軽くなったのを覚えています。当時の私はなにせ転職した直後。「新しい職場で早く実績を出さないと、最悪クビになってしまう」とばかり焦っていました。

会長が期待していたような大きなディールを数年がかりで実現するといった姿勢とは違って目先の小さなディールを拾おうとしていたのです。短期的な視点で行動しようとしていたのは日本人の私のほうで、ニューヨーク本社の経営陣はもっと長期的な視点で日本を見ていました。

米国の企業が四半期の業績を気にするのは事実です。しかし、それをもってして米国企業の思考法は短期中心だと結びつけるのは正しくありません。アマゾンのように目先の利益を犠牲にしてでも将来に向けた投資を優先している企業もあります。その結果、アマゾンの中核事業であるネット販売部門はいまだに赤字（2017年度決算）なのです（アマゾン全体としてはクラウド事業が好調のため黒字）。

■中期経営計画という呪縛《じゅばく》

ところで、「長期的視点に立った経営」という点で最近の日本企業を見回した場合、気になる点があります。それは中期経営計画（中計）です。

現在では多くの日本企業（特に上場企業）が中計の策定に膨大なエネルギーを投入

しています。私が22年間勤めた日本興業銀行でも１９８０年代の後半から中計の策定が始まりました。

当初は中長期ビジョンを重視しようとの目的で始められた中計ですが、時間の経過とともに、これがマンネリ化している例も散見されるようになりました。ビジョンのほうは形骸化し、中計が逆に短期的視点に基づく経営の温床になってしまっているようなケースさえ見られます。

どういうことでしょうか。

多くの大企業においては、中計の策定は、本部と称される経営企画部などが大枠の方針を示し、これに基づいて各事業部が数字を積み上げていくといったプロセスを取ります。こうしたプロセスはともすると本部の肥大化という名の「組織の官僚化」を招いてしまいます。

実際の経営は役所の運営のようにはいきません。予測不能な事態の発生が不可避で、本来問われるべきは、こうした事態への対応力なのですが、多くの場合、中計ではそういった点は考慮されません。

また現在の中計は3年をスパンとする計画となっていることが多く、この場合、3年計画が細分化されて、各年ごとの計画に落としこまれています。結果、各事業部は毎年ごとの計画・目標の達成に躍起になるといった行動をとるようになります。つまり中計といっても実際の運用上は1年計画になってしまっているのです（余談ですが東芝ではいくつかの事業部が毎年ごとの計画・目標の達成のために不正会計を繰り返し、結果的に会社全体として不正会計の額を膨らませてしまいました）。

なお私はJ・P・モルガンなど、米国の投資銀行3社に勤めた経験がありますが、3社ともこのような中計は作成していませんでした。日本でも京セラの稲盛氏のように中計に対して否定的な経営者も少なくありません。

アマゾンのジェフ・ベゾスは、2016年に株主へ宛てた手紙の中でこう述べています。

「成功すれば100倍のリターンが得られる。しかし10%の確率でしか成功しないプロジェクトがあった場合、これをやるのが我々のやり方だ」

このような発想は、中計に縛られた日本企業からは、なかなか出てきません。

＊＊＊＊＊＊＊＊＊＊＊＊＊＊＊＊＊＊＊＊＊＊＊＊＊＊＊

【コーヒー・ブレイク①】　投資家と企業、世代を超えて伴走
～米国の資本主義に息づくファミリーの存在

２０１５年2月のことです。米国外交問題評議会のメンバーとして、デイビッド・ワインバーグ（当時63歳）が来日しました。日本では福田康夫元首相を始め、政財界の要人たちとのミーティングを重ねたとのことでした。

私がデイビッドと知り合ったのは30年以上も前のことです。当時私は日本興業銀行のシカゴ駐在員をしていてウィネトカというシカゴ郊外の小さな町に住んでいました。シカゴのダウンタウンにあるオフィスまでは電車で30～40分のところにある町です。

電車といっても朝と夕方のピーク時には20分に1本くらい、それ以外の時間帯では

1時間に1～2本の間隔で運行する通勤電車です。本数は少なかったのですが、料金が若干高めに設定されていることもあって、乗る人はさほど多くはなく、乗客全員が座ることができました。座席は通路をはさんで進行方向に右と左で、それぞれ2人掛けで展開していく形式。スピードは遅いのですが、席の配置は日本の新幹線のようなイメージです。

デイビッドと私は同じ町に住んでいて、毎朝の通勤電車の中でよく一緒になり隣同士の席に座ってシカゴまで通った仲でした。彼はハーバード出の弁護士で、シカゴの著名な法律事務所「メイヤー・ブラウン」に勤務していました。

「いつの日か、一度は日本に行ってみたい」

当時からこう語っていたデイビッドでしたが、実際に日本を訪れることになったのは、2015年の訪日が初めて。こうして念願がかなったにもかかわらず、公用で彼の日本でのスケジュールはみっちり詰まり、観光にさく時間などまったくなかったようでした。

「今日、午後のフライトで成田から米国に帰るんだ」

そんなギリギリのタイミングで、私はデイビッドと昼食を共にしました。かつて勤めていた法律事務所では若くしてパートナーに昇格し、敏腕を振るっていたデイビッドでしたが、20年ほど前に退任。自分で投資会社を経営するようになったとのことでした。

デイビッドが経営するのは「ジャッド・エンタープライズ」という投資会社です。この会社の名前は、日本ではあまり知られていないかもしれません。しかし米国の名門、ノースウェスタン大学リベラルアーツ学部（1851年設立）の正式名称が「ジャッド&マージョリエ・ワインバーグ・カレッジ」であることを知る人はそれなりにいるでしょう。大学の名称の一部となった「ジャッドとマージョリエ」とはデイビッドの両親のことであり、彼がCEOを務める投資会社も、父親「ジャッド」の名前を冠しているのです。

もうお分かりかもしれません。デイビッドの投資会社は、ワインバーグ家の資産を運用する目的で設立された会社なのです。

たとえばコカ・コーラと言えば、著名な投資家、ウォーレン・バフェットが四半世紀以上も前から投資をしてきた会社として有名です。しかしワインバーグ家はバフェットよりもさらに古くから当社の株を購入してきました。こうしたこともあって、デイビッドは、バフェットの息子ハワードとともに、これまでコカ・コーラの取締役を務めてきました（デイビッドは今でも取締役ですがハワードは2017年に退任しています）。

米国にはワインバーグ家のように世代を超えて株主であり続ける投資家が多いと言われています。プリツカー家（ハイアット・ホテル）、ゲティ家（石油）などの名前は日本でも知る人が多いかもしれません。しかしこうしたファミリーが米国の資本主義の中でいったいどのように位置づけられ、どういった行動を取るのかについては、日本ではあまり語られていなかったように思います。

あくまでも一般論ですが、ワインバーグ家のように米国有数の資産家として著名なファミリーは投資先の四半期の業績によって株を売ったり買ったりしません。30年、40年と長期にわたって会社の株を持ちつづけ、経営陣を支援します。経営者も長期的視点に立って経営を行ない、彼ら「世代を超えた投資家たち」の期待にこたえようとします。ベースになっているのはお互いの信頼関係です。

さて、デイビッドが日本を飛び立つという日。

私は東京都心で一緒に食事をした後、彼を車の助手席に乗せ、成田空港まで送っていくことにしました。都心の幹線道路に入る手前のところで、突然、デイビッドが車を止めてほしいと言い出しました。

道路沿いに自販機が設置されていたのです。3つ並んでいた自販機の一つはコカ・コーラのものでした。時間にして1分か2分。彼はじっとそれを見つめていて、しばらくしてから「ありがとう」とひと言。私は車をふたたび発進させました。「爽健美茶」などの日本独自のブランドを開発し、日本の清涼飲料市場でシェア1位を邁進する日本コカ・コーラ。自販機に並ぶコーラの製品群は、投資家であり、取締役でもあるデイビッドの目にどのように映ったのでしょうか。

デイビッドが帰国してからしばらくの間、私は自販機の前を通るたびに彼を思い出してしまいました。

＊＊＊＊＊＊＊＊＊＊＊＊＊＊＊＊＊＊＊＊＊＊＊＊＊＊＊

Quiz 7　米国株に投資するには最低でも10万円くらいの資金がいる（○ or ×）

答え　×　いいえ、日本株と違って米国株は1株から投資することができます。たとえば2万円ほどあれば誰でもアップルの株主になることができます。

■1株でも購入可能な米国株

米国の株式は日本と違って1株から購入が可能です。実際に個別株を買う際の最低投資額はいくらになるか、ダウ平均株価に採用されている銘柄の例で見てみます。するとダウを構成する30種の株の何れもが、円ベースの株価が4000円から3万6000円のレンジに収まっていることが分かります。これらの株はどれも1株から投資可能で、株主になることができます。配当を受け取ることもでき、当然のことながら株主総会に出席することもできます。

これに対して日本株は、１００株単位での売買となります。この結果、購入に際して必要とされる資金がぐんと大きくなります。たとえばトヨタ自動車の株価は２０１８年末で６４０６円、最低でも１００株を購入することが必要なので、トヨタの株主になるには64万円強の資金が要ります。

値がさ株（値段が高い株）でも１００株単位での売買になるので、必要資金は更に大きくなります。たとえばユニクロ（ファーストリテイリング）の場合は、株主になるのに５００万円以上の資金が必要です（２０１８年末株価ベース）。なお証券会社によっては、ミニ株（単元未満株）と呼ばれる１００株未満での売買を取り扱ってくれるところがあります。しかしミニ株の場合、株主になっても議決権は与えられません。またリアルタイムでの売買が出来ないなどの制約を受けます。

■ダウ平均株価指数に投資するには

次に実際にダウ平均株価指数に投資するケースを考えてみましょう。いちばんお勧めなのは米国で上場している「スパイダー（ＳＰＤＲ）ダウ工業平均ＥＴＦ」を買うことです。スパイダー（SPDR）とはStandard & Poor's Depositary Receiptの略で、1993年に上場されたETFのブランド名。ステート・ストリート・グループによって運営されています。

「スパイダー（SPDR）ダウ工業平均ETF」の証券コード（ティッカー・シンボル）はDIAで、1口233ドル（2018年末）で買うことができます。つまり3万円もしないでダウ平均株価指数に投資することができます。

いきなり「指数に投資する」とか「ETF」とか、難しい言葉が出てきましたが、ETFはExchange Traded Fundの略で上場投資信託と訳されています。通常の投資信託は非上場ですが、ETFは上場している投資信託。もっと簡単に言うと、ETFとは上場しているファンドのことだとお考えください。

上記のスパイダーのファンドは、値動きがダウ平均株価に連動するように設計されていて、普通の株のように市場で、リアルタイムで売買できるものです（これに対して通常の投資信託はリアルタイムでの売買はできず、注文日の翌日、もしくは翌々日に約定となります）。配当もスパイダー（証券コードDIA）の場合、毎月支払われます。

これとは別に日本で東証に上場している「円ベースのダウ平均株価」に連動するETF（証券コード1546、1679）もあります。ただしスパイダーの経費率（信託報酬など）が圧倒的に安い（年0・17％）のに比して、東証上場の2つのETFは信託報酬が若干割高（証券コード「1546」は年0・486％以内、「1679」は年0・54％程度）になります。

Quiz 8　米国株に投資する際にはたくさんの手数料が取られる（○ or ×）

答え　×　いいえ、ネット証券を使えば、米国株の投資の際の手数料は0・486％（税込）。12万円の売買取引をしても手数料は583円。ちょっと高めのコーヒー1杯分の値段です。

ちなみにマネックス証券、楽天証券、SBI証券のネット証券3社を比較してみると、手数料はいずれのネット証券でも1取引あたり約定代金の0・486％。最低手数料は3社とも5・4ドル。手数料上限についても3社とも同じで21・6ドル（いずれも消費税込価格）。

つまり1000万円の取引をしても2400円程度の手数料しかかかりません。円をドルに変えるときの為替手数料も1ドルにつき25銭上乗せされるだけです。

なおネット証券を使わずに、街の証券会社に行って証券マン・証券レディーと話をして、米国株を買ったり売ったりすることもできます。しかしこの場合、手数料が高くなります。またネット証券を使えばリアルタイムでの取引が可能（マネックス証券の場合、米国株取引ツール「トレードステーション」が無料で利用可能）なのに対して、対面取引方式の証券会社の場合は、注文した翌営業日に約定となるケースが多いようです。

【第1章のまとめ】

日本人の家計を覗いてみると、金融資産の半分以上を現預金が占めています。一方、米国人の家計では現預金はたったの13％。代わりに株式や投資信託が50％近くの割合を占めています。

実は、日本人がこれまで株式などであまり運用しなかったことは、理にかなっていました。それはQuiz １で見た通り、日本では残念ながら株式投資はリスクに見合うリターンを上げてこなかったからです。

だとしたら、発想を変えて、「日本ではなく米国で運用したらどうでしょう」というのが、第1章の主旨です（後述しますが米国だけでなく先進主要国に分散投資する方法もあります）。

マーケットは結果がすべて。

投資家がリターンを上げることができなければ、投資家は離反していきます。

一方で、これまで米国のマーケットは順調に値を上げてきました。現在のダウ平均株価は40年前の29倍、30年前の10倍になっているのです。

第1章では、なぜ米国のマーケットが値を上げてきたのか、その理由を探りました。何よりも米国の市場では、主役は投資家であり、「企業は投資家に選ばれる存在である」という投資家目線の考え方が行き渡っていました。

日本もずいぶんと変わって良くなってきましたが、細かいところではまだまだ。だとしたら、日本が変わるのを待っていないで、米国の株式市場で運用を始めてみては、いかがでしょう。少なくとも、あなたの資産運用の選択肢のひとつに加えてみても良いかもしれません。

魚があまりいないところで、いくら釣り糸を垂らしていても、魚はあまり捕れません。魚のいるところで釣りをする。これが鉄則です。

第2章　時間を味方にする

～60歳以降であっても遅くない。時間分散法の極意

■人生100年時代の資産形成法

私たちはいったい何のために投資をするのでしょうか。

人によって答えはいろいろでしょう。

「年に1～2回は海外旅行をするとか、もっと豊かな生活がしたいから」

このへんは、比較的多い答えだと思います。

しかし、おそらくはいちばん多い答えが、「老後の安心のため」ではないでしょうか。

人生100年時代と言われる現在、どんな人であっても80歳以降、あるいは75歳以降を生きていく上での資金を、なんらかの形で事前に準備しておかなければなりません。

公的年金や企業年金でなんとかなるから大丈夫、という人は、残念ながら少数派。

よく調べてみると、国民年金（老齢基礎年金）は満額受給でも月6万5000円。厚生年金を受給できても平均受給額は月14万7000円（老齢基礎年金と老齢厚生年金の合計）。

企業年金をもらえる人もいますが、年金がある企業の割合は日本全体で24％。しかもたとえもらえたとしても、多くの場合は、企業年金は終身年金ではなく、たとえば期間15年といった具合に、有期で支給が打ち切られてしまいます。

したがって、たとえこの本を読んでいる人が60歳で企業年金をもらえる人であっても、これから15年後、あるいは20年後に備えて、すなわち有期の企業年金が打ち切られて、ほんとうに資金が必要になるときに備えて、資産形成を考えることが必要になってきます。

また企業年金がもらえない60歳の人であっても、退職一時金をすぐに取り崩して使ってしまうという人はごく少数派でしょう。多くの人は60歳（もしくは、人によっては65歳）でもらう退職金は退職後30年間といったスパンで少しずつ使っていくものです。したがって、当座、使わない分については、その大半を銀行や郵貯の預金に置くとしても、一部については運用を考えてもよいかもしれません。

過去10年間で米国株（ダウ平均株価）は２・７倍になりました。もしもこれと同じことが仮に起きるとすると、60歳でもらう２０００万円の退職金のうち、たとえその

2割（すなわち400万円）を運用に回したとしても、この400万円は10年後には1080万円になっています。介護が必要になる、あるいは介護付き老人ホームに入るときには、この1080万円は大きな援軍になってくれるはずです。

■売ったり買ったりしていては、資産を増やせない

資産をつくる目的が「老後のため」であれば、株は売ったり買ったりせずに持ち続けることです。本書の「序章」で、米国人が401Kという年金資金積立制度を使って、資産を増やしてきたことを述べました。この制度の下では、個人は59歳6カ月になるまで積み立てた資産を引き出すことができません。「やむをえない事情」で引き出した場合には、引き出し金額については所得税の対象となり、さらにはペナルティの対象（引き出し金額の10％を罰金として徴収される）となってしまうのです。

実はこのことが、米国人の資産を結果的に増やすことに役立ちました。

たとえば1991年に34歳で401Kを始めたロバート・スミスさんの例を見てみましょう。

この年の年末のダウ平均株価は、3168ドル。それが6年後の1997年末には7908ドルになりました。6年で2・5倍。悪くない数字です。もしこれが401Kでなければスミスさんは2・5倍になった時点で投資資金をすべて解約し、現金化していたかもしれません。

しかし401Kで運用していたため、おろすことをしませんでした。おろすことは基本的に禁じられていたからです。

これが結果的にはプラスに作用しました。2017年には、このときのお金が当初（1991年）の7・8倍となって、60歳となったスミスさんの年金原資になったからです。

■長期投資の落とし穴

売ったり買ったりせずに長期間持ち続けよ、と書きましたが、これには大前提があります。経済全体が右肩上がりで成長していくことが重要です。要は、第1章で述べたように「魚のいるところで釣りをする」ということです。

過去40年間のダウ平均株価の動きをチャート化した65ページの図を見てください。どの期間をとってみても、15年間持ち続ければ、株式への投資はかなりのリターンを上げていたことが分かります。

たとえば、１９８５年末↓２０００年末　（７・０倍）
　　　　　２００２年末↓２０１７年末　（３・０倍）
たとえいちばん不利な期間を取ってみても
　　　　　１９９９年末↓２０１４年末　（１・６倍）

しかも、たとえば１９９９年末↓２０１４年末の数字は、１９９９年のピークで全資金を投じて買って、15年間持ち続けたときの数字。時間分散をまったく図らないという、どちらかというと、愚かな投資を行なった場合の数字です。

後で詳しく述べますが、この最悪の15年間（１９９９年末↓２０１４年末）の間にも、毎月、もしくは毎年、定額を買い続けていれば、投資リターンは１・６倍どころではありません。もっとずっと大きく、ぐんと跳《は》ね上がっていたことになります。

ところで、この「長期間にわたって投資を続ける」という投資手法には、重要な例外があります。

（1）経済全体が右肩「下がり」だとか、（2）バブル期の日本のように、そもそも間違った値付けで株式相場が形成されてしまった場合には、何年持ち続けたとしても元の値段には回復していきません。ずっと損をしたままなのです。

たとえば前章で述べたように、政府によるＮＴＴ株第二次売り出しに際して株を買った人は、30年以上経《た》った現在でもずっと損をしたままです。

ですから、「長期投資」という言葉をやみくもに信じてはいけません。甘い言葉に騙《だま》されて資金を投じてしまうと、思わぬ痛手を被《こうむ》ってしまうからです。

■長期投資を謳《うた》うファンドの見極め方

「われわれは長期投資を行なっています。ですからわれわれにお金を預けてください。きっと良い運用結果が得られます」

世の中にはこうしたことを謳うファンド（投資信託）がたくさんあります。

こうしたセールスを受けたら、「このファンドはどこに投資しているのか。ほんとうに長期的に成長すると思われる分野なのか」をまずチェックしてみてください。と同時に、そのファンドの過去のパフォーマンスを洗ってみるべきです。

「長期投資なので、短期的には市場平均に対して負けることもあります」などという言い訳を聞いてはいけません。

長期投資家として著名なウォーレン・バフェットが運営する投資会社「バークシャー・ハサウェイ」の成績を見てみてください。次ページの表はバフェットがバークシャーの経営権を握った1965年からの3年間の運用成績を市場平均（S&P500といわれる500銘柄から算出される市場の平均株価指数）と比較したものです。

ご覧いただければお分かりのように、バフェットはバークシャーで運用を始めた最初の年からブッチギリで市場平均を上回る好成績を上げています。

これに比べて、最初から市場平均に負けるような長期投資家が運用するファンドは

1965年の年初に100を投資した場合にどうなったか

	バークシャー	市場平均（S＆P）
1965年末	123.80	110.00
1966年末	148.90	97.13
1967年末	165.28	127.14

（出所：バークシャー・ハサウェイのアニュアルレポートより、著者作成）

要注意です。

■アルファをチェックせよ

ちなみにファンド（投資信託）に投資する場合には、そのファンドが何をベンチマーク（基準）としているのかを知り、ベンチマークに比べて勝っているか、負けているかをチェックします（ベンチマークがないと謳っているファンドは、評価されることを拒絶しているのに等しいので、最初から要注意です）。

たとえば日本株に投資するファンドであれば、ベンチマークである日経平均やＴＯＰＩＸ（東証１部に上場している全株式の株価を指数化したもの）に比べて、勝っているのか、負けているのかが、重要になってきます。

この勝っている部分を、通常「アルファ」と言っています。

前述のバークシャー・ハサウェイの表では、たとえば1965年の成績を見ると、バークシャーのアルファは、
23・80%（バークシャー）－10・00%（市場）＝13・80%（アルファ）

となります。

当然ながら、アルファは数字が大きければ、大きいほど良い、ということになります。

アルファがマイナスのファンドにわざわざお金を投じる意味はありません。

次ページの図はバークシャー・ハサウェイのアルファをグラフ化したもの（各年の数値はその年までの5年間の移動平均値）。

ウォーレン・バフェットを世界1位の投資家にしたのは、バークシャーの1970年代後半のパフォーマンスであった（76～80年のアルファの移動平均値が50%を超えた）ことが見て取れます。

45年間のバークシャーの「アルファ」

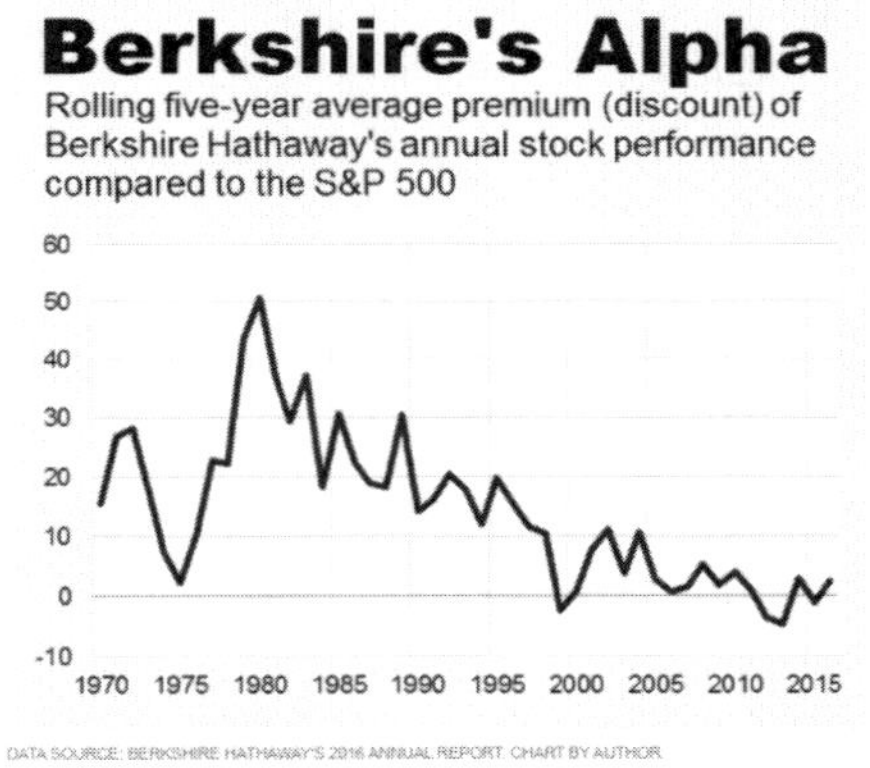

（出所：The Motley Fool「An Interesting Chart About Berkshire Hathaway」（2017年7月23日））

■あなたが60歳、70歳であっても遅くはない

「コツコツと長期間にわたって株式投資をするという方法が良いらしいことは分かりました。しかし自分はもう70歳なので関係ありません」

先日、山本さん（仮名）と話していたら、彼はこうコメントしていました。

私と山本さんとは仕事で時おり一緒に働く関係にあります。

彼は48歳の時に独立・起業しました。それまでの25年間、山本さんは上場会社に勤め、毎月の給与から天引きされる形で厚生年金保険料を払い続けてきました。25年間払い続け、老後の年金受給資格を得たことから、山本さんは一念発起。会社を辞めて自分で小さな個人会社を経営し始めました。

ちなみに今年70歳になる山本さんは、60歳の時から公的年金を受給し続けています（当初は報酬比例部分のみ）。彼は現在でも個人会社社長としてそれなりの収入があることから、今日までにもらった年金は、すべて銀行に預金して積み立ててきました。

年金にいっさい手をつけずに、すべて銀行預金に積み立てるなんて、羨ましい限りですが、彼はこうコメントします。

「私の場合は小さな個人会社ですので、退職金や企業年金はありません。厚生年金も25年間しか保険料を払っていませんでしたので、いわば最低レベルに近い金額。お金のことを考えると老後は不安だらけです。だからこそ、元気で働けるうちは働き続け、その間にもらう年金はすべて銀行に預けておき、手をつけないつもりです」

「山本さんのような元気なシニアは80歳位までは平気で働けそうですね」

こう私が言うと、彼は次のように将来のマネー・プランを語り始めました。

「そうなんです。働くほうが健康にも良いらしいので、可能であれば80歳位までは働くつもりです。それまでは、もらう年金はすべて銀行に預けておき、手をつけないつもりです。そもそももらっている年金はそんなに多くありません。だからこそ手をつけずに銀行に預金し、将来に備えます」

これは結果論になりますが、山本さんがもし仮に60歳の時にもらった年金を、預金に置かないでダウ平均株価指数に投資していれば、70歳の今、3・2倍になっていました。

2008年末　ダウ平均株価　8776ドル（91円／$）↓　79万8616円（A）

↓

2018年末　ダウ平均株価　2万3327ドル（110円／$）↓　256万5970円（B）

（B）＝（A）×3・2倍

こう考えると、これから先の10年間（70歳→80歳）を見通す場合、受け取る年金を全部銀行預金に入れて貯金するのではなくて、その一部（たとえば20％）だけでも、株式（たとえばダウ平均株価指数）での運用に毎月充てていっても良いかもしれません。毎月では、１回の株式投資額として十分な金額に達しないのであれば、「半年分貯めてから半年に１回」、あるいは「年に１回」、株式投資に資金を投ずることでも良いかもしれません。

■人それぞれのシニア世代

シニア世代は人それぞれです。山本さんのように健康で80歳くらいまで働くつもりの人もいれば、65歳で糖尿病や癌などの成人病を抱えて、「人生１００年なんてとんでもない」と考える人もいるでしょう。かく言う私も62歳の時に前立腺癌に罹患し、小線源療法による治療を受けました。現在も3カ月に１回、病院に通っています。

収入面でも、シニア世代は人それぞれ。潤沢な企業年金をもらい、年収が１０００

万円近い人もいれば（羨ましいですね！）、逆に60歳ですでに会社を辞めてしまって、わずかな公的年金以外の収入はないという人もいます。

ですから、私としては、一概に「シニア世代でも資金の一部を運用に回すことを検討したら」とアドバイスする気は毛頭ありません。

資金的に余裕のない人が下手《へた》に運用して老後資金を減らしてしまっては大問題です。元本が毀損されるリスクのある株式や投信への投資は控えるべきなのです。

ただもしあなたが山本さんのように健康で、しかもある程度資金的に余裕のある場合には、働けなくなって介護を受けるときのために（75歳とか80歳に向けて）、いまからでもコツコツと（余裕のある範囲で）投資を始めることは意味あることだと思っています。

また60歳や65歳で退職金を手にした方でも、本格的に資金が必要となる70歳以降とか、75歳以降に備えて、退職金の一部を運用に回すことを考えても良いかもしれません。

というのも、これまで見てきたようにダウ平均株価には上昇していくだけの要素が組み込まれていますし、たとえ下落基調になったとしても続くのはせいぜい3年間程度。3年もすれば下落は収まり、上昇基調に転じていくということを過去のチャートが示しているからです。そして過去だけでなく、これから先についても、「相場の上下（ups and downs）は当然あるだろうが、基本的には長期で見ればダウ平均株価は上がっていく」と見る人が少なくありません。

次のQuiz 9で述べるように、稀代の投資家ウォーレン・バフェットは、ダウ平均株価はいずれ現在の数倍になると言っています。

■米国で言われている「100マイナス年齢」の原則

「人それぞれのシニア世代」なので、人によってある程度リスクを取ってリターンを取りにいける人と、そうでない人とがいます。

これはあくまでも米国で言われてきた一般則ですが、「金融資産は株と債券で持て。その比率は『100マイナス年齢』で株式を持て」との言い伝えがあります。

若い頃はリスクを取りやすいので株式を比較的多めに持つ（たとえば30歳のときは

１００歳－30歳＝70なので金融資産の70％を株で持つ）。

年齢を重ねるに従い、株式の割合を落としていく（60歳のときは１００歳－60歳＝40なので株式の割合を40％に落とす）との考えです。

もっともこれは米国における一般的な考え方です。米国と言うと、平均的な家計の金融資産のうち、現預金が占めるのはたったの13％ということで知られています。

一方、日本人の家計は、金融資産の半分以上を現預金に置いていて、「株式及び投資信託」は15％を占めるにすぎません。ですから、米国で一般的に言われている原則を日本にそのまま持ってくることには違和感があるような気もします。

そもそも米国と日本ではなぜこれほどまでに運用スタンスに違いがあるのでしょうか。

米国では転職市場が整っていることもその理由の一つかもしれません。実際に私の米国での高校時代の同級生やビジネススクール時代のクラスメートを見渡してみても、一つの会社を定年までずっと勤め上げたという人は一人もいません。

少なくとも2回か3回、多い人は5回も6回も転職を重ねています（みんな私と同じくらいの年齢なので、すでにリタイアして現在は働いていない人が過半数を占めます)。

転職市場がこれだけ整備されているということは、人生のキャッシュフローを考えるうえでは「リスクが少ない」ということに繋がります。万が一、今の勤務先をクビになったり、あるいは今の勤務先が倒産したりしても、比較的簡単に、それも年収をさほど落とさずに、次の職を見つけることが出来るからです(もちろんこれは米国の東海岸や西海岸に住む比較的恵まれた人で、中西部や山岳地帯、南部の低収入労働者の場合は、転職はさほど簡単ではありません)。

日本のような終身雇用制度は、一見したところリスクが少ないように見えますが、会社が傾けば自分の人生も傾いてしまいます。いきおい金融資産の運用に際しても保守的にならざるをえません。

たとえば、みなさんの中でも「嫌な奴が転勤してきて自分の上司になってしまった」ということを経験している人もいるでしょう。サラリーマンなら誰にでも起こりうることです。

米国でしたらサッサと転職して逃げ出すことができます。しかし日本ではそうもいきません。嫌な上司に毎日いびられ、結果、鬱病になってしまったという人も少なくないのです。

住宅ローンの仕組みも日本人にリスクを取りづらくさせています。何らかの事情で住宅ローンを返せなくなった場合、米国でしたら、住宅を諦め、鍵を銀行に渡すことでローンの返済義務から解放されます。

日本ではそうはいきません。住宅を銀行に取られるだけでなく、銀行がその住宅を売却してローンの返済に充てても、なおかつ返済しきれない場合（残債がある場合）には、ローンを借りた人がずっと返済をし続けなくてはなりません。

このように、住宅は取られ、しかもローンの返済義務からも解放されないといった、「借りる人にとって極めて酷な制度になっている」のが、日本です。

さらに日本では中古の住宅市場の流動性が低く、何かあって住宅を売って資金を作ろうとしても、なかなか思ったような値段で売ることができません。

こうしたいろいろな事情が重なって、日本人は金融資産の運用面で保守的にならざるをえないのです（そのほかの理由としては、そもそも米国人の1人当たり金融資産は日本人の2倍近くあり、こうした余裕があるからリスクを取りやすいといった点も挙げられます。一方、米国では日本に比べて公的な健康保険制度が整っておらず、医療面では日本以上に不時の出費に備える必要があります）。

Quiz 9　ウォーレン・バフェットは「ダウ平均株価はいずれ現在の4倍以上になる」と言っている（○ or ×）

答え　○　はい、2014年3月、ウォーレン・バフェットは米国CNBCテレビの番組に出演して、インタビューアーのジョー・カーネンに対してこう述べました。「私はダウ平均株価が10万ドル（当時の6倍）に達するのを見ることは出来ないだろうが、あなた（ジョー・カーネン）は見ることが出来るだろう」。当時バフェットは83歳、カーネンは58歳でした。

■稀代の投資家、ウォーレン・バフェット

２０１８年にフォーブス誌が報じた世界の資産家ランキングで第3位となったのが、投資家のウォーレン・バフェットです。このときの彼の資産額は9兆円。２・８％の米国債で運用したとして、金利だけで毎月２１０億円（毎日7億円）になるということですから、ちょっと想像がつかない金額です。

彼は長い時間をかけてコカ・コーラ、アメリカン・エクスプレスなどの株式に投資して現在の富を築きあげました。

１９３０年に生まれ、19歳で大学を卒業したバフェットはコロンビア大学のビジネススクール（大学院）を経て、投資家としての道を歩み始めます。私がスタンフォードのビジネススクール時代に株式投資論の教えを受けたジャック・マクドナルド教授と昵懇《じっこん》にしていて、バフェットは教授の授業に何度かゲストとして現われました。

かつてマクドナルド教授はこう述懐していました。

「１９７６年のことです。バフェットが最初に私の教室にやってきたとき、彼の投資会社、バークシャー・ハサウェイ社の株は、１株60ドルでした。その前年の年末に41

ドルだったこともあって、当時、学生たちは、こう言っていたんです。バークシャーの株は高くなりすぎてしまった。今となっては投資するには遅すぎるってね」

ちなみにバークシャーの株は現在（2018年末）では30万ドルを超えています。つまり当時の5000倍です。学生たちが高くなりすぎているので買えないと言っていたときに、誰か一人でも、たった1万円でもいいですから、バークシャーの株を買っていれば、その1万円はいまでは5000万円になっていたことになります（為替の影響は捨象して考えています）。

■20～30年後には4倍以上になる？

さてバフェットがテレビ番組で語った「私には出来ないが、あなた（ジョー・カーネン）はダウ平均株価が10万ドルになるのを見ることが出来るだろう」との言葉は、何を意味するのでしょうか。当時のバフェット（83歳）とカーネン（58歳）の年齢を考えると、「あと20～30年もすればダウ平均株価は（今の4倍の）10万ドルに達するだろう」という意味だと思われます。

もちろんバフェットといえども預言者や神様ではありません。これを信じるかどうかはあくまでも、あなた次第。

ただしバフェットの予言から学べることがあります。

それは、ダウは今後も上がりうるのではないかということです。「すでに高すぎる」と考えるのはたぶん違うのではないか……。

われわれは往々にして、43年前のスタンフォードの学生と同じような考え方をしてしまいがちです。「前年の46％増じゃないか。これでは高すぎる」と考えてしまうのです。そのとき「高すぎる」と感じた60ドルの株が５０００倍になるとは当時誰も想像できませんでした。

つまり株式市場を考えるときには、鳥瞰図的視点で時間軸を捉《とら》え、10年先、20年先を考えることが重要です。そうすると、バフェットが見たような「違った絵」が見えてきます（もちろんバフェットとて、当時自分が世界第３位の資産家になるとは思ってもいなかったのでしょうが、10年先、20年先を信じて投資を行なっていたことだけは確かなようです）。

Quiz 10　大恐慌（1929年〜）の株価低迷期に毎月15ドルずつダウ平均株価指数を買ったとすると、20年後の時点での年率利回りは、同じ期間に同じ金額を債券に投資し続けた場合の年率利回りを上回る（○ or ×）

答え　○　はい、大恐慌で株価が低迷していた時点でも、毎月少しずつ同額（たとえば15ドル）を株式投資に回していたとすれば、20年後には投資元本の評価額は（毎月15ドルの場合）9000ドルにまで膨らみ、年率利回りは7・86％と、債券に投資した場合の2倍以上になっていました。

■毎年（毎月）一定額を投資し続けることで得られる投資成果

1929年の大恐慌のときには、株価が元の水準（恐慌前の高値381ドル）に戻るのに、25年もかかってしまいました（1954年11月、382ドル）。

しかし、たとえこの米国経済史上、もっとも厳しかった期間であったとしても、毎月少しずつ株式（ダウ平均株価指数）に投資した場合のリターンは、債券に投資した場合のリターンを大幅に上回っていました。

なお、この設問の例は、ペンシルバニア大学のジェレミー・シーゲル教授の著書『株式投資』（日経BP社、２００９年）の記述（同書3頁）より引いたものです。ちなみにシーゲル教授のこの本は長期間株式投資を続けることの優位性を論じた名著。一読の価値があります。

さて、設問の事例は一見したところ、「本当にそうか」とビックリするような内容になっていますが、69ページのグラフをよく吟味すれば、謎とも思えるような現象が納得できるようになります。

たしかにダウ平均株価は、１９２９年から下落し、元の水準に戻るのに25年間を要しました。すなわち１９５４年になって初めて元の水準を回復したのです。

しかし、この25年間の軌跡をもう少しよく見てみると、１９２９年から32年までの3年間は下がり基調です。

そして32年にボトム（41ドル、32年7月）に達した後は、54年までの22年間は基本的には上がり基調なのです。この上がり基調の間は、ダウ平均株価への投資はポジティブなリターンを生みだしてきたというわけです。

毎月運用にお金を回してきた人にとっては、1932年7月（＝ボトム）の時点でのダウへの投資（@41ドル）は、1954年11月には9倍になった（@382ドル）ことを意味します。

別の見方をすると、こういうことになります。

仮にあなたが退職金2000万円を65歳でもらい、これを運用に回すとします。この場合、これを一気に運用に回しますか、それとも少しずつ運用に回すでしょうか。

日本で発売されている多くの投資本（経済評論家やマネーの専門家が書いた本）には次のように書かれています。

「投資できるお金が相当額あれば、一気に投資してしまうほうが、機会損失が小さい（相場の上昇を前提とすれば一気に投資したほうが、より大きなリターンを得られる）。手数料も少なくてすむ」

しかしこのアドバイスはほんとうに読者の為になるものなのでしょうか（日本で出

版されている多くの投資本とは違って、スタンフォードのビジネススクールでは「時間分散を図れ」と教えられます）。

もしもあなたが退職金２０００万円を65歳でもらい、これを運用に回すとした場合、そして、このときを起点としてその後の相場展開が１９２９年以降と同じ道をたどると仮定した場合には次のようになります。

まずあなたが一気に運用（株式投資）に回した２０００万円は3年後には２１６万円にまで減少します。そして元の２０００万円に戻るのは、25年後、そう、あなたが90歳になったときです（これを「コースA」と名付けます）。

この投資方法では、65歳から90歳になるまで、あなたはずっと含み損を抱えたまま過ごすことになります（もしも80代で死ねば、かなり後悔して死ぬことになります）。

これに対して、退職金２０００万円を半年に1回、２００万円ずつ5年間かけて投資する方法を取った場合が「コースB」。

同じく大恐慌のときと同じ相場展開を辿ると仮定すると、投資元本は当初は減りますが、６年後（71歳のとき）には当初元本の２０００万円を回復します。

そして10年後（75歳）には資産は2550万円にまで増えて、25年後（90歳）には、なんと6520万円にまでなっています（為替の影響は捨象して考えています）。

つまり、大恐慌のような相場展開のときには25年後の資産は、コースA、B、両者で歴然とした差が出てきます。

コースA（一気に投資）では、2000万円→2000万円

コースB（時間分散して投資）では、2000万円→6520万円

もちろん相場がこれから先、右肩上がりの一直線になっていく場合には、さっさと全部投資してしまうという「コースA」のほうが優位に立つのは当然なのですが、これから先のことは誰にも予想がつきません。そして60歳なり65歳のあなたに必要なのは、たとえアップサイドを犠牲にしてでも、時間分散を図ることにより、ダウンサイドを極力避けるという投資スタンスなのです。

■ドルコスト平均法

これからの相場がどう展開するのか、予想をするのは簡単ではありません。というよりも、普通の人にとってはほとんど不可能です。

であれば、上記の「コースA」のように一気に全額投資してしまうというのでは、相場が下落し、その後回復するといった展開を辿る時には傷を深めてしまいます。「コースB」だと、相場が一気に上昇する時には儲けが少なくなるのではないかという指摘もあると思います。たしかにその通りなのですが、仮にアップサイドをすべて取れなくても、ダウンサイドを小さくするというのが、人生100年を見据えた上での資産運用術です。

ところで、一般に「コースB」のように、一定期間の間、毎月（あるいは毎年といった具合に）定額を、株式などの購入にあてていく方法をドルコスト平均法と言っています。英語では dollar cost averaging あるいは単に dollar averaging と言います。海外の主な株式投資本、ファイナンス、資産運用の教科書では、必ずと言っていいほど取り上げられている投資手法です。

1回に投資する金額は定額なので、相場下落時には多くの株式数を購入でき、逆に上昇時には購入株数が減るという特徴があります。

つまり安い時にたくさんの株を購入でき、高くなると購入株数が自動的に減るというわけです。

■手数料の問題

「ドルコスト平均法は手数料が嵩《かさ》むので賛成できない」との意見もあります。この点について検証してみましょう。

仮に1000万円をダウ平均株価指数の投資に回す場合、まず為替手数料ですが1000万円を1回でドルに替えても、30回に分けてドルに替えても、ネット証券での手数料は同じです（1ドル当たり25銭）。

次にダウ平均株価指数を購入する際の手数料ですが、1回で購入する場合は税込みで21・6ドル（手数料には上限が設定されているので、この金額になります）。30回に分けて購入する場合は、1回当たり14・7ドル（1ドル＝110円で計算。通常手数料率は約定代金の０・４８６％）。30回で合計４４１ドル。

両者の差は４１９ドル（4万６０００円）になります。

これは投資元本（１０００万円）の０・46％。

これを大きいと考えるのか、たいしたことはないと感じるのか。

１０００万円を投じて買った株が１日で０・46％下落してしまうことも普通にありえますし、この程度の手数料で安心を買えるのであれば、「十分にペイする」と私は考えますが、如何でしょうか。

■米国での検証結果

最後にドルコスト平均法はほんとうに有利な投資方法なのかどうか、アメリカでの検証結果をご紹介しておきましょう。

アメリカの投資信託運用会社であるヴァンガード社は、１９２６年から２０１５年までの期間に、ある投資金額を（a）一気に投資するのと、（b）12カ月間にわたって12分の１ずつ投資するのと、どちらが最終的に多くの富に結び付いたか、１０６９

の例で調査をしました。その結果、全体の3分の2の割合で、(a)の一気に投資するほうが有利な投資結果をもたらしたとの調査結果に辿り着きました。

これは考えてみれば当然のことです。

すでに述べたように、相場の上昇を前提とすれば一気に投資したほうが、より大きなリターンを得られます。ドルコスト平均法のように、少しずつ分けて投資してしまうと、遅れて投資した分は、より高い値段で買うことになってしまうからです。すなわち相場が右肩上がりの時にはドルコスト平均法は不利な投資方法になってしまうのです。そしてアメリカの株式市場はこれまで基本的に右肩上がりで推移してきました。ですからヴァンガード社による検証結果のようになってしまうのです。

■ドルコスト平均法が有利な場合と不利な場合

このようにドルコスト平均法には、それが有利な場合と不利な場合とがあります。

次ページの図で、点線のように相場が一直線に右肩上がりに推移していく場合には、何回かに分けて投資するよりも、一気にさっさと投資してしまうほうが有利で

ドルコスト平均法の概念図

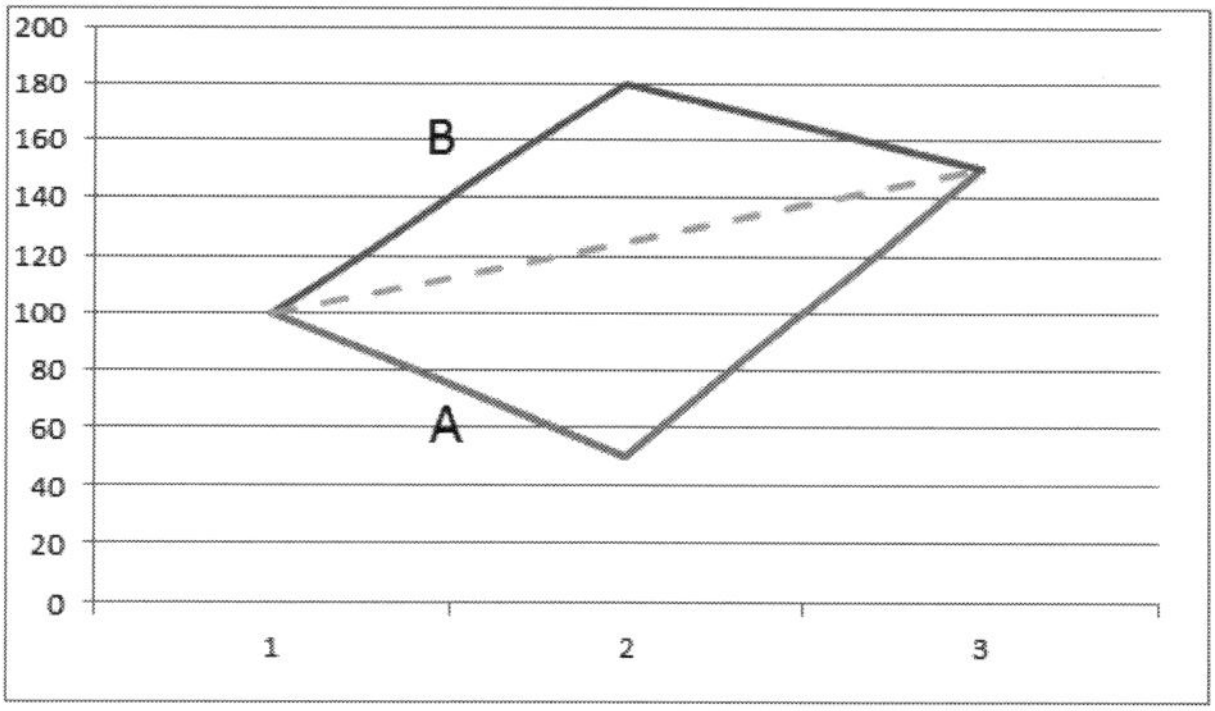

す。すなわちこの場合、ドルコスト平均法は不利に働きます。

ドルコスト平均法で投資期間中に相場がぐんと上がってしまった場合（図のB）はどうでしょうか。1期と2期に分けて投資する場合で、2期に相場がぐんと上がってしまった場合です。

この場合もドルコスト平均法は不利になります。図のBのケースは、点線のケース以上に「もっと不利」な結果になってしまいます。2期目の購入に際しては、点線よりも高い値段で買うことになるからです。

ドルコスト平均法が有利に働くのは、相場が投資期間中に落ち込む場合、すなわち図のAのような「落ち込み」（英語ではdipと言っています）がある場合です。

たとえば退職金2000万円をもらい、これを運用に回す場合、相場がこの先、上向くのか、下がるのか、分かりません。図の点線、もしくはB線のような相場展開になるのであれば、さっさと投資してしまったほうが有利です。

しかしA線のようになる可能性もあり、さらにA線の場合、落ち込みがすぐには終了せず、だらだらと長引いてしまうこともありえます。

だとしたら、「アップサイドをすべて取れなくても、ダウンサイドを小さくする」との観点から、ドルコスト平均法を考えてみるべきというのが私のスタンスです。

これから先、たとえ大恐慌やリーマンショックが再発する可能性は極めて小さいとしても、相場の落ち込みがだらだら続く状況が出現するとか、ミニ・リーマンショックが起こる可能性は排除できないからです。

Quiz 11　投資の神様、ウォーレン・バフェットでさえ、自分の資産を半分にしてしまったことが、これまでに4回もある（〇 or ×）

答え　○　はい、2014年3月、ウォーレン・バフェットは米国CNBCテレビの番組に出演して、彼の投資会社バークシャー・ハサウェイの価値が半分になってしまったことが、これまでに4回もあると述べました。

■ウォーレン・バフェットが師と仰《あお》いだ2人

投資の神様、ウォーレン・バフェットがこれまで師と仰いできた人物が2人います。

いわば「神様の師匠」とでも言うべき人物です。

1人は、コロンビア大学教授で経済学者のベンジャミン・グレアム（1894〜1976）。グレアムは株式投資の古典とも言われる『Security Analysis（証券分析）』を著したことでも知られています。

彼は、それまで職人的な勘や経験の世界だった株式投資に、アカデミックな方法論を持ち込みました。本来、株価にはその企業の持っている価値が反映されているはずですが、人々にそうした情報が行き渡っていない場合などに、株価が一時的に本来の価値を下回ることがあります。グレアムは、そうした割安な株式を拾うことで、堅実なリターンを得ることができると信じたのです。

バフェットが信奉するもう1人の人物は、投資家のフィリップ・フィッシャー（1907〜2004）。彼はスタンフォード大学で講義を持っていたこともあります。彼の著書、『Common Stocks and Uncommon Profits』は、私も留学時代にビジネススクールのテキストの1つとして使っていました。

フィッシャーはグレアムとは対照的に、積極的なリターンを狙うスタンスを取っていました。グレアムがバリュー株（割安株）投資の名人であったとするならば、フィッシャーはグロース株（成長株）投資の達人として知られていました。

グレアムとフィッシャー、この2人の株式投資論に学び、それを忠実に実行して大金持ちになったのがバフェットです。バフェット自身、「私の85％はグレアム、15％はフィッシャーでできている」と述べています。

■時間を味方にした投資

バフェットのように長期間にわたって株式で運用を続ければ、必然的に相場の荒波にさらされます。

バフェットは、「これまでに保有資産が半分になってしまったことが4回もあるんだ」と語りましたが、テレビ番組でこう語るバフェットの眼差しには、揺るぎない信念のようなものが感じられました。

「アメリカの資本主義は健全だ。相場の上下（ups and downs）は当然あるが、基本的には長期で見れば株価は上がっていく」

同じテレビ番組の中で、彼はこのように力説していたのです。

バフェットのこの揺るぎない信念は、実は経験と能力に裏打ちされたものでした。

バフェットだからこそ、保有資産を一時的に半分にしただけで済んだのであって、たとえばリーマンショックに際しては多くの投資家はもっと傷ついたり、あるいは資産を半分にした段階で投資の世界から撤退したりしてしまいました（撤退した結果、バフェットのようにその後の相場回復で大儲けするチャンスを逸してしまいました）。

それではバフェットはなぜ相場の荒波を乗り切ることが出来たのでしょうか。

それはグレアムとフィッシャーという彼の２人の師匠に関係あると、私は見ています。


実はグレアムとフィッシャーの２人には共通点があるのです。

グレアムもフィッシャーも若くして投資の世界に入りますが、投資の世界に入ってすぐに、未曽有の大恐慌（１９２９年）を経験しました。株価が９分の１に下落してしまい、元の水準に戻るのに25年間も要した、あの大恐慌です。

そしてこのことが投資家としてのグレアムとフィッシャーの人生に決定的な影響を与えました。その彼らから、大恐慌の時のことを徹底的に教え込まれたのがウォーレン・バフェットだったのです。

だからこそ資産を半分にしてしまうような荒波にもバフェットは無難に対処し、場合によってはこれをチャンスとして（バフェットはリーマンショック時にＧＥやゴールドマン・サックスの株を安値で大量に買って、その後、大きなリターンを得たことで有名です）、荒波を乗り切ることに成功したのです。

■少しずつ長期にわたって投資することは、学ぶことに通じる

さて、バフェットのこの話はわれわれにどんな教訓を提示するでしょうか。

株式投資に荒波はつきものです。常に順風満帆というわけにはいきません。バフェット自身も述べていることですが、長い年月で見れば、今後もリーマンショック級の危機が訪れるでしょう。しかし全体的に見れば、人類は（特に途上国の人たちは）豊かになりたいとの強い希望を持っており、そのことが経済を押し上げます。世界の人口増加も経済の成長に寄与します。

システムとしての資本主義がそうした人々の希望を叶えるうえで機能しつづけるのであれば、リスクを取って資本（株式）に投資した投資家もその果実を得ることが出来るのではないでしょうか。

時間分散を図って投資することで、われわれは日々の投資の中で相場の動きを学び、時には小さなミニ・リーマンショック級とでも言うべき危機も経験し、本格的危機が来た時の対応力を身につけていくことが出来るようになります。

最悪なのは、これまで投資の世界に無縁でいた人が、65歳で退職金をもらい、銀行

や証券会社に言われるままに（あるいは日本の多くの株式投資本が指南するように）、まとまったお金をポンと一気に投資に回してしまうこと。そこでリーマンショック級の危機が来たら、いったいどうなるのでしょう。たとえば安値で狼狽《ろうばい》売りしてしまう――その結果、退職金の多くを失ってしまうということに繋がりかねません。

＊＊＊＊＊＊＊＊＊＊＊＊＊＊＊＊＊＊＊＊＊＊＊＊＊＊＊＊

【コーヒー・ブレイク②】プール付きの家に住むクラスメートたち
～日米で2倍近い差がついてしまった家計の金融資産

かなり親しい間柄になれば別なのでしょうが、アメリカ人と会話する際には通常は、「宗教、政治、年収・資産の話を避けろ」と言われています。

私自身、高校時代、大学院、そして社会人になってからと、3回にわたって合計8年間をアメリカで過ごし、勤務先もJ・P・モルガンなどアメリカの会社3社に勤務しましたが、人間関係を円滑にするうえでは、話をするときの内容はやはり微妙なところには立ち入らないほうが無難です。もっとも、トランプ大統領の登場以降、政治については、かなり直截《ちょくせつ》に「自分はトランプ反対派だ」といった具合に、意見を表明する人が増えてきたようには思います。

いずれにせよ、アメリカ人相手に年収や資産の話は通常しませんので、彼らの家計の中身を覗くには、結婚して家族になるとか、ちょっと特殊な立場にでもならない限り難しいようです。

実は、私は本書を書くに際して、できるだけアメリカ人の家計の実態を明らかにしたいと考えていました。もちろん統計数字があり、これをもとに記述を進めることはできるのですが、実のところ、もう少し皮膚感覚が伝わってくる話を探していたのです。

ただし、親しい友人だからといって、収入や資産のことを聞くわけにはいかず、「これはもう無理かもしれないかな」と半分諦めかけていました。

ところが先日、たまたま新聞を読んでいましたら、柴山和久さんという人のインタビュー記事が目に触れました。ご存知の方もいるかもしれません。「ウェルスナビ」というAIを利用した資産運用の会社を創業した人です。

柴山さんは国際結婚で、奥さんはアメリカ人。「ウェルスナビ」を創業する前、彼はマッキンゼーでウォール街の機関投資家相手に資産運用システム構築などの仕事をしていました。

そんなこともあって、あるとき彼の奥さんの両親（アメリカ人）から資産運用の相談をされたと言います。

奥さんの父親は公務員で、母親は石油会社に勤務。どこにでもいそうな中流のアメリカ人夫妻なのですが、「見てほしい」と言われて、彼らの資産を覗いてみると、なんと数億円の金融資産があったと言います。それもプロが見ても、文句の付けようがない形でバランスよく運用されていたのだとか。

柴山さんは日本にいるご自身の両親とアメリカ人の奥さんの両親とを比べて、こうコメントしていました。

「年齢も学歴も年収も変わらない妻の両親と私の両親とは、老後の資産に10倍の差がありました」

柴山さんほどの具体的事例ではありませんが、私も似たような感想を持つに至ったことがあります。

私は高校時代にAFSという交換留学生の制度でアメリカに1年間留学しました。アメリカ人家族の一員となり、1年間英語だけの生活。毎晩見る夢も英語になり、しばらくすると日本からやって来た日本人に会っても日本語が出づらくなりました。

アメリカ人家族の父親や母親のことを「お父さん（Dad）」「お母さん（Mom）」と呼んで1年間を過ごしました。家には姉、弟（私より半年下）が一緒に住み、兄はすでに結婚していて近くの町に住んでいました。

その後もこの家族とはずっと付き合いを続けてきていますが、父親は50代後半で退職し、夫婦そろって1年のうち半分くらいは南スペインや南フランスに家を借りて現地で語学学校やコミュニティ・カレッジに通うといった生活をしていました。今では両親とも他界してしまいましたが、一家が住んでいた家は現在3億円ほどで取引されています（アメリカでは不動産の取引価格が公表されます）。

私が当時通っていたアメリカの高校時代のクラスメートたちはどうでしょう。彼らの多くは今では退職して悠々自適の生活を送っていますが、プール付きの豪邸に住んでいる人も多くいます。

何年かに一度の割合で、アメリカで開かれる同窓会に日本から参加すると、ホテルで全員が集まる夕食会の後は、たいてい同窓生の何人かの家でパーティーが開かれます。プールサイドでワインを飲みながら高校時代の思い出に花をさかせるのです。

もともと金持ちが多く住んでいたという土地柄の影響ももちろんあるのでしょう（そもそも貧しいコミュニティーでは日本からの留学生を受け入れるという経済的余裕はありません）。

そうは言っても、なかには私と同じようにＡＦＳの留学制度でアメリカにやって来て、そのまま居ついてしまったクラスメートもいます。彼は中近東のレバノンからの留学生で、文字通り裸一貫、ゼロから生活基盤を立ち上げたとのこと。苦労したと言っていましたが、そんな彼の家も太平洋を見渡す豪邸でした。

私いったい日本とアメリカとでどうしてこんなに差がついてしまったのだろうと、私は以前から疑問に思っていたのです。

もちろん柴山さんのケースも私の場合も、単なる「一例」に過ぎず、これらをもってして、なんらかの結論をくだすことは出来ません。なんらかのことが言えるとすれば、やはり統計の数字に頼ることになってしまいます。

その数字ですが、日米の家計金融資産が金融庁のレポートで取り上げられています。これによると、アメリカ8821兆円に対して、日本は1815兆円。1人当たりに直すと、アメリカ2730万円に対して、日本は1430万円。

もちろんアメリカではトップ1％と言われる超富裕層が社会全体の数値を引き上げていることも考慮に入れないといけません（本来は平均値でなく中間値で比較すべきでしょう）。

それにしてもアメリカと日本とでは2倍近い差がついてしまいました。

その要因についてはいろいろな解釈があるのでしょうが、年金資金積立制度（401K）を利用して、コツコツと長期間かけて投資にお金を回してきたことが、アメリカ人にとって少なからずプラスに働いたことだけは確かなようです。

＊＊＊＊＊＊＊＊＊＊＊＊＊＊＊＊＊＊＊＊＊＊＊＊＊＊＊

Quiz 12　日本でも「ｉＤｅＣｏ（イデコ）」や「つみたてＮＩＳＡ（ニーサ）」を使って、毎月一定額を運用に回す積み立て投資が増えている（◯ or ×）

答え　◯　はい、２０１８年に始まった積み立て型の少額投資非課税制度（つみたてＮＩＳＡ）は6月末の時点で69万口座に達しました。このほかに毎月掛け金を拠出する個人型確定拠出年金「ｉＤｅＣｏ（イデコ）」は同年8月末時点で１０１万口座に達します。

■非課税の特典

アメリカ人の3人にひとりが、公的年金とは別に４０１Ｋで「将来の年金のための資金」を若いころから自分で積み立てています。

日本でもこのような仕組みを導入しようと、最近になって「ｉＤｅＣｏ」や「つみたてＮＩＳＡ」の制度が始められました。

「ｉＤｅＣｏ」とか「つみたてＮＩＳＡ」とか、なんとなく取っ付きにくい名前ですが、ポイントは２つ。

どちらも①非課税であること、そして②コツコツと長期間にわたって投資していくための制度であることです。

ここでは非課税のところを説明しましょう。

日本では投資家が株式投資で成功して利益を上げても、通常ですと、利益額に対して20・３１５％の税率で税金が課せられてしまいます。

「１００万円儲けることが出来た！」と思っても、税金で20万３１５０円を持っていかれてしまうのです。この結果、実際に増えるのは１００万円ではなくて、79万６８５０円だけとなってしまいます。なおここで注意が必要なのですが、税金がかかるのは株式を売った時だけで、売らなければ、含み益（想定上の利益）に対して税金がかかることはありません。

さてこのように「20・３１５％の税率で税金が課せられてしまう」というのが通常

のケースなのですが、これに対して、①iDeCo、②つみたてNISA、③従来型のNISAでは、このような税金がかかりません。

ですから、これらを利用できる人は、利用しない手はありません。

確実に得をするからです。

もっとも税務当局も簡単には非課税の特典を与えてくれません。制度には以下に述べるように、いろいろと条件や制約がありますので、これを理解した上で賢く利用したいものです。

なおアメリカでは3人にひとりが401Kを利用していますが、日本の場合は制度が始まったばかりということもあって、利用率はまだまだ。

「iDeCo」や「つみたてNISA」などの投資口座数が前述の通り170万口座。

これらに加えて、企業が掛け金を支払ってくれる「企業型DC（確定拠出年金）」の加入者680万人を勘案したとしても、総計で850万人（注：重複しているケースがあるので、実際の人数はもっと少ない）。

30年以上の歴史を持ち、３人にひとりというアメリカの４０１Kには遠く及ばず、背中さえ見ることができないような状況となっています。

とは言うものの、重要な制度には変わりありません。「ｉＤｅＣｏ」は60歳以上の人は使えませんが、「つみたてＮＩＳＡ」についてはそんな制限もありません。以下、その概要を見ていくことにしましょう。

■iDeCo（イデコ）

まずｉＤｅＣｏです。

ｉＤｅＣｏは自分で積み立てる個人型確定拠出年金で、２０１７年1月から始まりました。利用可能者は20歳以上60歳未満の個人。なお企業型ＤＣ（確定拠出年金）に入っている人は、企業型確定拠出年金「規約」で個人型同時加入を認めている場合にのみ加入できます。

ｉＤｅＣｏのメリットは、

（1）掛け金が全額所得控除の対象となる（仮に所得税と住民税の税率を各々10％とす

iDeCo、つみたてNISAの比較

	ｉＤｅＣｏ （個人型確定拠出年金）	つみたてＮＩＳＡ （積立型小額投資非課税制度）
制度開始	2017年1月	2018年1月
対象者	20歳以上60歳未満	20歳以上
税制優遇	掛け金が全額所得控除 運用益も非課税	運用益が非課税
非課税投資額上限	公務員　年144千円 会社員　年276千円 （企業型ＤＣがない場合） 自営業　年816千円	年400千円
引き出し時期	60歳以降	いつでも可
非課税期間（最長）	――	20年間
制度の終了年	なし	投資可能なのは2037年まで

ると、毎月の掛金が1万円の場合、年間2・4万円の税金が軽減される計算になります（詳しくは「ｉＤｅＣｏ公式サイト」参照）。

（2）運用益は課税されることなく再投資される。

（3）運用した資産を受け取る時にも節税メリットが受けられる（運用した資産は60～70歳までの間に、「一時金」「年金」「一時金と年金の組み合わせ」の3つのいずれかの形式で受け取れますが、受給時に所得控除を受けられます。すなわち一時金として受け取る場合は「退職所得控除」、年金の場合は「公的年金等控除」の対象となります）。

なおｉＤｅＣｏは基本的に途中解約できません。限定された条件下で脱退一時金を請求するこ

とは認められていますが、60歳まで続ける（毎月最低5000円を拠出）自信のない人は、最初からiDeCoをやらないほうが無難です。

■つみたてNISA

つみたてNISAとは、毎年40万円までを上限に、最長20年間、積み立て投資できるという制度。iDeCoのように所得控除はありませんが、20歳以上であれば誰でも利用でき、年齢制限はありません。

つみたてNISAでは運用益に課税されません。またiDeCoと違って、いつでも引き出し可能です。

なお、つみたてNISAと従来型のNISA（年間120万円まで非課税、5年間）を併せ持つことはできません。どちらかを選ぶ必要があります。

【第2章のまとめ】

人生100年時代と言われる今日、公的年金や、15年や20年で打ち切られてしまう有期の企業年金だけでは、豊かな老後を送ることが難しくなりつつあります。

自分の生活は自分で守る。これが基本です。

若い人はもちろんのこと、たとえあなたがシニア世代であったとしても、これから先に備えて、(1)資産をできるだけ守ったり、あるいは(2)その一部を運用に回して形成したりしていくことを考える時代になってきています。

そのためには、「時間を味方にした投資法」を考えてみましょう。

株式投資に荒波はつきもので、過去にそうであったように、これから先も相場の上下(ups and downs)は当然あるでしょう。リーマンショックのような危機が再び訪れるかもしれません。

しかし長い年月で見れば、人類は(特に途上国の人たちは)豊かになりたいとの強い希望を持っており、そのことが経済を押し上げます。世界の人口増加も経済の成長に寄与します。

システムとしての資本主義がそうした人々の希望を叶えるうえで機能しつづけるのであれば、リスクを取って資本(株式)に投資した投資家もその果実を得ることが出来るものと思われます。

また時間分散を図って、ダウンサイドに備えることも重要です。

株価が９分の１にまで下落し、回復するのに25年を要した１９２９年の大恐慌のときにおいてさえ、毎月少しずつ同額を株式投資に回していたとすれば、20年間の年率平均利回りは７・86％に達し、債券に投資した場合の２倍以上になっていました。

第3章　リスクとコストを、コントロールしよう

■まずは平均をめざす

本書がめざすのは、「平均をめざす投資法」です。次のステップとして、本書の最後の方（Quiz 21）で「平均以上をめざす投資」についても若干触れますが、あくまでも触れる程度。内容の大部分は平均をめざす投資についてです。

「平均ですか。それではわざわざお金を払って本を買う人などいません」と、出版社の人に怒られそうな気がしますが、実は日本では平均をめざすことがけっこうたいへんなのです。

たとえば「１９８０年から２０１８年までの38年間で米国の株式は24倍になった」といった具合に、本書の第１章、第２章で書いてきたことは、すべて平均値での話です。そして私を含めて多くの日本人は、「その平均でさえ達成することが出来なかった」というのが実情ではないでしょうか（なおここで言う平均とは日経平均など日本の平均ではなく、グローバルな目で見た平均、もしくは米国での平均のことです。グローバルな平均と米国での平均の違いは本章の後のほうで説明します）。

■毎月5万円の投資が、30年後には7630万円になる

「いかにしてリスクを抑えながら長期にわたって資産を形成していくか」。

本書で伝授しようとしているのは、こうした命題に応えうる投資術です。

そしてここでのポイントは、何も難しく考える必要はないということです。

「平均をめざそうとしている」からです。

一攫千金を狙って投資候補先の企業分析を究めるとか、最新理論に基づくアセット・アロケーション（保有資産をどう配分するか）を研究する必要もありません。たんにグローバルな平均、あるいは米国での平均をめざせばいいのです。

35歳のあなたが毎月5万円ずつ投資にお金を回した場合、30年後、65歳になったときにいくらになっているでしょうか。ちなみに月5万円の貯蓄というのは、金融広報中央委員会の調査などによるおおよその平均値（世帯主が30代の場合）です。

毎月の5万円を現金もしくはほとんどゼロ金利の預金に置いておいても、

5万円×12カ月×30年間＝1800万円（あるいはこれにごく僅かな金利が加算される程度）

にしかなりません。人生１００年時代を考えると、これだけではちょっと不安です。

しかし、この金額をたとえばダウ平均株価指数への投資に回すとどうなるでしょうか。

ダウ平均株価指数への投資は過去30年間で年率平均８・２％のリターンを上げてきました。もちろん過去30年間の実績がそうだったからといって、今後もそうなるとは限りません。それ以上であるかもしれないし、それ以下かもしれません。

計算を簡単にするために、毎月５万円を12カ月分貯まったところで、つまり60万円にして、各年末にダウ平均株価に投資すると仮定。これが年率平均８・２％（過去の30年間の実績値）で回ると仮定すると、30年後、65歳の時には、７６３０万円になっています。

どうでしょう。

これだけあれば、老後は安心できそうです。

■60歳のあなたにも役立つ、時間分散の投資術

さて、60歳のあなたは（30年後ではなくて）10年後を考えてみましょう。

厚生労働省の「平成30年就労条件総合調査」によると、日本全国、退職金制度のある企業は全体の8割。支給額は平均で2000万円（大卒者、100万円未満四捨五入）です。

仮にあなたが60歳で退職金2000万円をもらい、65歳まで再雇用されるとした場合、60歳の時点で2000万円の退職金にすぐ手を付けるのはお勧めできません。老後資金が本格的に必要になるのは、たとえば働けなくなったり、介護サービスが必要になったりするときだからです。

しかし手を付けないからと言って、全額預金に置いたままにしておいては、先行き心もとないと言えるでしょう。リスクを極力抑える形にして、たとえば毎月5万円ずつ投資にお金を回したとしたらどうなるでしょうか。具体的には、毎月5万円、半年間で30万円になったところで、ダウ平均株価指数へ投資する。あるいは毎年60万円（＝5万円×12カ月）をダウ平均株価指数へ投資する。どちらでもよいと思います。

この場合、10年後、70歳になったときにいくらになっているでしょうか。

まず預金に置いた2000万円の退職一時金は毎月5万円ずつ投資に回していくので、合計で600万円（5万円×12ヵ月×10年間）ほど減って、1400万円になっています（このほかに、たとえば家の補修費だとか妻の入院費といった具合に、臨時の出費があって退職金に手を付ければ、その分、さらに減っていきます。なお住宅ローンの残債がある人には期限前弁済をお勧めします）。

据え置いた預金の2000万円はこのように減りますが、しかし一方で、投資に回した毎月の5万円は、過去10年間のダウ平均株価の年率伸長率10・3％（実績値）で回ると仮定した場合には、10年後1070万円になっています。

つまり70歳の時点で、当初の2000万円は、2470万円（＝1400万円＋1070万円）になっている計算になります（繰り返しますが、退職金を取り崩して、臨時の出費や生活費への補塡へ充てた場合には、上記の合計値から、その分が減っていることになります）。

人によっては、2000万円のうち、600万円（5万円×12ヵ月×10年間）を投資に回すのではなく、15％の３００万円（この場合、たとえば半年毎に50万円×3年間）など、いろいろでしょう。シニア世代では、人それぞれによって状況が著しく変わります。状況に応じて「投資に回せる額」を変えてみてください。

■日本人にありがちな投資スタンス

時間分散を図りながら、リスクを抑えて、平均株価指数（グローバル平均、もしくは米国平均）への投資を行なう。こうすることで、米国人は老後資産を積み上げてきました。

しかし多くの日本人は平均では満足せずに、平均以上のものを求めてしまいがちです。じっくりと時間をかけて投資していくことが大きなリターンを生みだす。残念ながら、このことを十分には理解しきれていないのです。

その結果、何が起きているのでしょうか。

たとえば短期でのリターンを求めてＦＸ（外国為替保証金取引）やビットコインに手を出したりして、資産を減らしてしまいます。あるいは逆に定期預金や普通預金に資産を置き、いっさいリスクを取らない（リターンも追わない）といったスタンスを取ってしまいがちです。

要は両極端であって、取れる範囲内でのリスクを適度に取って、じっくり運用して育てるという意識に欠けるのです。

もう一つの問題は、生半可な知識で、分かった気になって投資をしてしまうことです。

投資本を少しばかり読んで、複数の銘柄で、いわゆる「ポートフォリオ」を作って分散させればリスクは抑えられると信じ、トヨタ自動車、ソフトバンク、ユニクロ（ファーストリテイリング）といった株を購入、これに食品株や薬品株を加える、あるいは中小型株も加えてみる……。こういった具合に、いわば「直観や印象に基づく株式投資」をしている人も少なくありません。

しかしながら個人投資家が中途半端な形で株式投資先を分散させても、一般には良い結果を得ることができません。

スタンフォードのビジネススクールでまず学ぶことは、分散の効果を発揮させるにはどのくらいの銘柄に分散させる必要があるのかという点です。

詳しくは統計学やファイナンスの教科書に譲りますが、一般には分散の効果を発揮させるには最低50銘柄くらいに分散させる必要があると考えられています。

つまり個人が分散の効果を得ようとしても、結局はいい加減な形で10銘柄程度を選ぶといった形で終わってしまいます。

その結果、（1）十分な分散効果は得られず、しかも（2）銘柄選考自体もいい加減なものに終わってしまう――これでは望ましい投資結果を得ることなど出来ません。

■天才投資家バフェットを狙っても無理

もちろん、あなたがウォーレン・バフェットのような天才であれば、少数の銘柄に集中投資することによって、平均以上の成果を上げることが出来ます。

バフェットが運用する投資会社、バークシャー・ハサウェイはいまや時価総額５０３０億ドル、55兆円（２０１８年末）。

これだけ巨大となった投資会社が運用する株式資産の中身は、どんなものなのでしょうか。

覗いてみると、びっくりします。

株式投資先の70％をアップル、コカ・コーラなどたった6銘柄に集中投資しているのです。分散とはほど遠い状況です。

しかもバフェットが運用するバークシャーのパフォーマンスは驚異的です。

前述のようにダウ平均株価は過去30年間で10倍になりました。これに対してバークシャーの株価は30年間で65倍になっているのです。

ただ残念ながらわれわれはバフェットではありません。バフェットは講演などで、「投資家たる者、少なくとも1日に500ページの本や書類を読むべきだ」と鬼のような量の読書を推奨し、自らも「今でも1日の8割は本や書類を読むことに使っている」と言います。これが個人資産9兆円を持つ88歳の投資家の日課です。

これと同じようなことが、サラリーマンや公務員であるわれわれ一般人に出来るのかどうか。「9兆円ものお金があるなら、ハワイの島の1つでも買って、毎日好き勝手なことをして遊んで暮らすのに」と考える人と違って、バフェットは今でも片時たりとも書物から目を離さない修道士のような生活を送っています。われわれ一般人とは、そもそも次元が違うのだと思ったほうがいいのかもしれません（なお脱線しますが、オラクルの創業者ラリー・エリソンは、２０１２年にハワイのラナイ島の98％を買って、話題になりました）。

いずれにせよ、天才を真似ようとしても、結局は出来ず、平均値のリターンさえ達成できないで終わってしまう……。投資の世界では、実はこんな経験を持つ人がけっこういるのが現実のようです。

■米国は大丈夫か

ダウ平均株価指数への投資を勧めると、必ず出てくる質問が、「米国は大丈夫か」というものです。

結論から先に言いますと、心配な人は、世界の先進23カ国の株式に投資する「ＭＳＣＩ ワールドの指数」、あるいは日本を除く世界の先進22カ国の株式に投資する「Ｍ

SCI コクサイ」に投資したら良いと思います。

これらの指数と「ダウ平均株価指数」、「S&P500」の株価指数の比較については追って説明していきます。

いずれにせよ、「MSCI ワールド」などに投資することによって、米国だけでなく世界の先進国株式に投資することが出来ます。

ただし「MSCI ワールド」の中身は63%が米国株です。

そして「MSCI コクサイ」に至っては、その69%が米国の株式です。

米国が心配な人が、これらのインデックスに投資したとしても、結局のところ心配は解消しないということになってしまいそうです。

ところで米国が心配な人の論調は、大きく分けて2つです。

1つは、第2次世界大戦後から続いた米国の覇権主義は終わり、中国に取って替わられる。あるいは米国、ヨーロッパ、中国、インドといった具合に多極化する。その結果、「米国はかつての英国と同じような道をたどるだろう」というものです。

19世紀の基軸通貨だった英ポンドが、2度の世界大戦を経て、かなり安くなってしまったように、ドルも1ドル＝50円くらいになるかもしれない。だとしたら、ドルベースで投資しても、結局は円に戻したときの資産は減価してしまうのではないかといった論調です。

2つ目は、トランプ政権以降、米国への移民の数は減少気味。米国もやがては日本のような高齢化、人口減少社会になる。これまでのような成長は期待できないという主張です。

まず第1点ですが、すでに述べたようにダウ平均銘柄の会社が相手とするのは、米国だけでなく、中国も含む「世界」です。プロクター・アンド・ギャンブル（P&G）の売上げに占める北米（米国、カナダ）の割合は45％。コカ・コーラに至っては、北米比率は30％にすぎません。

それに加えて、どうでしょう。一党独裁の政治体制の中国が、ほんとうに世界の単一覇権国となり、これから数十年間にわたって、その地位を維持し続けることができるのかどうか。必ずしも盤石とは言えないかもしれません。

もちろん、これから先、２０２６年から28年頃には、中国のＧＤＰが米国を抜いて世界第１位に躍り出ると予想する人が少なくありません。こうした新興国の成長を取り込むというスタンスは株式投資においては重要です（その具体的方法については後述します）。

日本との関係においてはどうでしょうか。今後、米国は日本との関係において、劣後していってしまうのでしょうか。その結果、１ドル＝50円といったようなドル安、円高がやってくるのでしょうか。

これから30年後の世界を見てみましょう。日本の人口は１億人を切り始め、総人口の４割が65歳以上になります。

こうした国の通貨が長期的に強くなり、はたして１ドル＝50円といった時代が来るのかどうか。

私としては、これから30年といった長期で見通すと、日本の場合、

① 上述のような人口動態の推移予測

② 現状ＧＤＰの２３６％にまで積み上がった日本の政府債務残高の帰趨《きすう》

③　日銀による異次元緩和の帰趨（出口戦略）

④　地震リスク

などを勘案せざるをえません。つまり米国リスクよりも、むしろ日本リスクのほうが心配だ思うのですが、いかがでしょうか。

次に2つ目の論点の「米国の人口動態の変化」を見てみましょう。

たしかに米国への移民流入数は、2000年をピーク（861万人）に減少傾向にあります。

しかし世界銀行による人口予測によると、アメリカの人口は2018年の3億2790万人から、30年後の2048年には3億8520万人へと17・5％増加すると考えられています。15歳から64歳の「生産年齢人口」も、2018年の2億1440万人から2048年には2億3420万人へと9・2％増加する見通しです。

2001年の米国同時多発テロ（「9・11テロ」）以降、移民が減少傾向にあるからといって、米国の人口動態変化を心配するのは、やや行き過ぎのような気がします。

■分散させることがリスクの軽減につながる

「ぼくの投資は、なにも一つの船にかかっているわけではない。取引先も一箇処だけではない。それに全財産が今年の商いの運不運に左右されるわけでもない。だから、船荷のことで気をくさらせはしないよ」

これはシェイクスピアの『ヴェニスの商人』第1幕第1場の一節です。

このように16世紀の「ヴェニスの商人」の時代に、すでに「卵は全部同じ籠に入れておくべきではない」ことが知られていました。

実際問題として、株式投資において、「1つか2つの個別の株式を選んで投資する」という方法には、どうしても強烈なダウンサイド・リスクがつきまといます（同じように凄まじいアップサイドの可能性もあるのですが）。

最初は良いと思って投資した先でも、5年、10年と年月が経つにつれ、経営陣が変わって経営がダメになってしまうリスクもあれば、マーケット環境が変わってしまうリスクもあります。

最悪、かつての山一證券（1997年に経営破綻し自主廃業）や日本航空（2010

年に経営破綻）のように、株式が無価値になってしまうことさえありえます。

もちろんこうした例は日本だけではありません。

アメリカでもエネルギー大手のエンロン（2001年に破綻）や、投資銀行リーマン・ブラザーズ（2008年に破綻）の消滅が記憶に新しいところです。

かく言う私も、かつてリーマン・ブラザーズに勤めていたことから、この会社の株を比較的たくさん保有していました。

当時、投資銀行の幹部への給与や賞与は、現金だけではなく、自社株式の形でも支給されていたからです。

この結果、リーマンの破綻時には個人としてずいぶんと損をしてしまいました。

■ダウンサイド・リスクの回避

ところで、複数の銘柄に分散することによって、ダウンサイド・リスクはどの程度回避できるのでしょうか。

個別株であれば、破綻などによって、いきなり株価がゼロとなって「ゲームオーバー」、「強制終了」となってしまうリスクがあります。

しかし複数の銘柄を持つことで、こうしたリスクのかなりの部分を回避できます。万が一、1つの銘柄が破綻したとしても、他の銘柄を多量に保有していて、それらのパフォーマンスが良ければ、全体としてプラスになることもありえます。

なお一般に、保有資産の集合体のことを「ポートフォリオ」と呼んでいます。

ここでポイントになるのは、どのようなポートフォリオ、すなわち個別株の組み合わせを選べば、ダウンサイド・リスクを低減するのに有効かということです。

たとえば、航空会社株だけを集めたポートフォリオでは、2001年の米国同時多発テロ(「9・11テロ」)のような事件の際には、ポートフォリオ内の銘柄が一斉に急落してしまいます。

これに対して、値動きが相関しにくい(同じ方向に動きにくい)複数銘柄から成るポートフォリオ(別な言葉で言うと「分散されたポートフォリオ」)では、ある銘柄が下がっても、別のものが上がるといった具合に、ポートフォリオ内の株の値動きが逆になるケースも出てきます。

具体例を挙げてみます。

たとえば、自動車を「輸出する」会社A社の株と、欧州の高級ブランド衣服を「輸入する」会社B社の株をポートフォリオ内に保有していたとすれば、円高になればA社の業績は落ち込みますが、B社のほうは逆に潤います。

このようにある程度分散されたポートフォリオを持つことによって、個別銘柄で生じるような価値がゼロになってしまうとか、もしくは値段が極端に下落してしまうといったリスクを回避できるようになるのです。

もちろん、いいことだらけではありません。

これと引き換えに起きるのは、極端なアップサイドが取れなくなることです。

たとえばガンホー・オンライン・エンターテイメント株への投資は、スマホ・ゲーム「パズドラ」がヒットしたことで、２０１２年２月からわずか1年3カ月で１００倍近くのリターンを上げました。

平均をめざすということは、深刻なダウンサイドを回避できることにつながりますが、極度なアップサイドも諦めざるをえなくなります。

要は、ポートフォリオ内の複数種類の株の値動きが相殺し合うことで、ポートフォリオ全体の値動きは総じてなだらかになります。
これこそが、本書が勧める「まずは平均をめざす投資法」です（繰り返しますが、平均であっても長期間持つことによって、あなたの資産を数倍、もしくは数十倍にすることをめざします）。

Quiz 13　保有株式のダウンサイド・リスクがどのくらいになるかを把握するには、大学入試の偏差値の考え方が参考になる（〇 or ×）

答え　〇　はい、保有株式（もしくは複数の株式からなるポートフォリオ）のリスクを把握するには、「偏差値の考え方」（より正確に言うと「標準偏差の考え方」）が参考になります。
（「標準偏差の考え方」ですべてを説明しきれるものではなく限界もありますが、これを知ることでリスクについての考えを深めることが出来るようになります）。

■ビリギャルは偏差値を40も上げた

Quiz 13では、いきなり標準偏差といった難しい言葉が出てきました。

学生時代に数学で苦しんだ人には嫌な響きの言葉ですね。しかし安心してください。本書では難しい説明はいっさい行ないませんので。

さて標準偏差ではなくて、偏差値という言葉であれば、多くの人にとって、もう少し馴染みの深い言葉だと思います。

数年前に『学年ビリのギャルが１年で偏差値を40上げて慶應大学に現役合格した話』という本が、１２０万部を超える大ヒットとなり、『映画　ビリギャル』のタイトルで映画化もされました。

私たちが何気なく使っている偏差値という言葉ですが、その意味するところは、いったいどういうものなのでしょうか。

多くの人のイメージするところは、偏差値50が真ん中で、70くらいになるとかなり頭がいい、逆に30だとチョット問題だ、といったところでしょうか。

ビリギャルは、偏差値を「30から一挙に70へ」と、「40も上げた」のだから「凄い！」といった印象になります。

偏差値は、日本中の受験生の中で、自分の学力がいったいどのへんにあるのかを知る上で便利な指標です。

具体的には偏差値50が真ん中だとすると、上から2％の人が偏差値70、上位16％の人が偏差値60になります。

3年生の受験生が100人いたとしたら、ビリギャルは、当初は偏差値30、つまり下から数えて2番目（学年で99番）でした。それが偏差値を一挙に40も上げて70になったということは、学年で2番になったということです。100人いるうち、97人も「ごぼう抜き」のように抜いて、99番から2番になった。だから「奇跡的なことが起きた」ということになります。

日本で最も入るのが難しいと言われる東京大学の医学部は偏差値77です。これは数字にすると上位0・35％。受験生が1000人いるとして、上から3～4番目くらい

正規分布の概念図

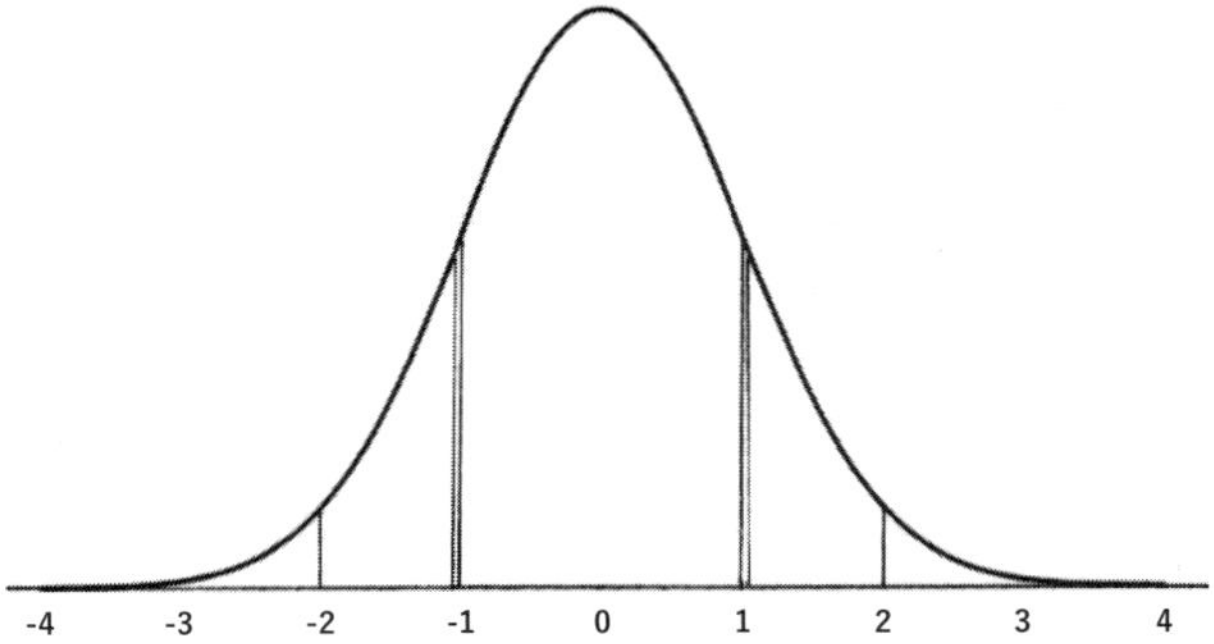

までの人が東大医学部に合格できるということになります。

■受験生の偏差値と株価の値動きの関係

受験生の偏差値は、ある一定の想定に基づいて求められています。具体的には、成績が中くらいの人の数が一番多く、東大の医学部に入るような成績の人はあまりいないとの想定です。

上のグラフで高さは人数を示しますが、真ん中の人（偏差値50）の高さが一番高くて、右端の高さ（つまり東大医学部に入れる人の人数）は低くなっています。釣鐘状の形をしていて、こうしたグラフの形状を正規分布と言っています。

仮に株価の変動もこれと同じような分布になってい

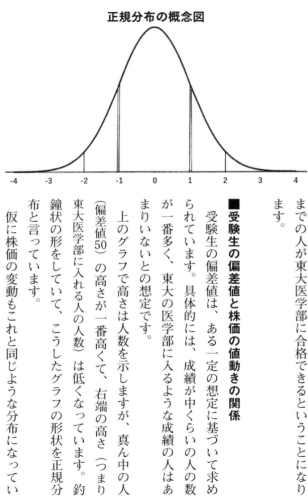

ると想定することができれば、将来を予測するうえでの一つの手がかりになりえます。

つまり極端に上振れや下振れすることはあまり生じない（グラフで言うと、右端や左端の高さは極めて低い）、そして大部分の値動きは、中心からある一定の変動率の範囲に収まる（グラフで言うと、真ん中から一定の範囲内の高さが高い）という考えです。

こうした考え方を発展させると、過去の値動きから、個別株やポートフォリオの値動きの特性が分かってきます。

たとえば株価によっては、値動きが激しく、変動しやすいもの（「ボラティリティが高い」と言っています）がある一方で、食品株や日用品株のようにあまり変動しないものもあります。

また、業種のばらつきに配慮した50社程度の会社の株から成るポートフォリオにおいては、値動きの振れ幅が相当程度、抑えられる傾向にあることも分かってきます。ところで、株価の変動、すなわち「ばらつき具合」を示す指標として、標準偏差という言葉がよく使われています。

「標準偏差−1から＋1」は、１７３ページのグラフの−1から＋1まで、つまり全体の68％が、その範囲内に収まる（2重線で囲まれた範囲に収まる）という概念です。これは偏差値に置き換えると、偏差値40（標準偏差−1）から偏差値60（標準偏差＋1）に相当します。

ビリギャルの話を思い出してください。

学年で１００人いると、成績16番目の人が偏差値60でした。下から16番目が偏差値40。

偏差値40から60の間には、「１００−（16＋16）」＝68人がいることになり、標準偏差−1から＋1の範囲が全体の68％であることと、同じことを言っていることが分かります。

■日経平均株価指数のダウンサイド・リスクを把握する

一般に「リスク」と言うと「危険であること」を指します。しかし投資の世界では、「リスク」とは、値動き（収益）の「ばらつき具合」を意味します。そしてこれを表わす尺度・指標として使われるのが上述した標準偏差です。

たとえば日経平均株価の2008年から18年の10年間の値動き（実績）から求められる標準偏差は、年率18％です。

この数字（年率18％）の意味するところは、過去10年間の実績をベースとすると、日経平均株価指数の年間の振れ幅は、プラス・マイナス18％の範囲に収まることが多かった。

すなわち、年率18％下落～年率18％上昇の範囲内に収まることが多かった（確率68％でそういう状況が出現した）ということです。つまり「確率68％の出現率」＝「標準偏差−1から＋1」の範囲の出現率ということになります。

個別株に投資していれば、かつての山一證券（1997年に経営破綻し自主廃業）や日本航空（2010年に経営破綻）のように、株式が無価値になってしまうことがあります。しかし、日経平均株価指数に投資していれば、運悪く市況が悪化して指数が下落するにしても、期待されるリターンから18％くらいの下落で収まる可能性が高いということです。

ところで、過去10年間の日経平均株価指数の標準偏差は年率18％と言いましたが、この18％という数字はどうやって入手できるのでしょうか。

これは10年間、毎日の株価の値動きをコンピューターに入力し、標準偏差を算出する計算のプログラムを走らせることによって得ることができます（エクセルを使える人は、「NORM.DIST」というコマンドを使って計算できるので、試してみてください。もっとも面倒な計算をしなくても、日経平均などの主な指数の標準偏差データは、my INDEXというサイトで公表されていますので、誰でも簡単に入手可能です）。

■2％しか起こりえない最悪のシナリオが想定できる

さて過去の値動きの検証から、日経平均の標準偏差は年率18％と算出できることが分かりました。繰り返しますが、日経平均株価指数に投資していれば、運悪く市況が悪化して指数が下落するにしても、期待されるリターンから18％くらいの下落で収まる可能性が高いということです。

もっとも可能性が高いと言っても全体の68％の出現率のことを言っているのに過ぎ

ません。

「それでは安心できない」という人も多いでしょう。「最悪、どのくらいまで落ち込むのか。これが分からないことには落ち着かない」という人です。

そこで重要になるのが、「プラス・マイナス標準偏差2」の概念。

10年間の値動きから得られる標準偏差の実績値が年率18％ということは、その2倍の値は36％です（18％×2＝36％）。

つまり年間でプラスにせよ、マイナスにせよ、36％以上の振れ幅が起こりうる確率は「プラス・マイナス標準偏差2」の数値で示されます（偏差値で言うと、偏差値30以下と偏差値70以上の出現率です）。

この出現率は具体的にはプラス・マイナス2％という値になります（グラフで言うと単線の右側と左側の小さな部分の面積で、この部分の面積がそれぞれ全体の2％、両方合わせて4％）。

要は（過去10年間の値動きから判断する限り）日経平均株価が1年間で期待されるリターンから36％以上も下落してしまう可能性は2％程度しかないと言えるのです。

Quiz 14　株価の動きは正規分布である（○ or ×）

答え　×　いいえ。現実の株価の動きは正規分布でないことは多くの研究によって明らかにされています。にもかかわらず、ポートフォリオのリスクを把握する際に、正規分布を前提とした標準偏差の数値を使うのは、それが簡易で便利であるからです。ただ現実が違う以上、個人投資家としても、それを十分に認識したうえで使う必要があります。

■30万年に1回しか起こりえないはずの変化が、48日も現われた

1952年、ハリー・マーコビッツは株価の動きは正規分布であるとの前提のもとに、上述したような標準偏差の概念を使って、現代ポートフォリオ理論の基礎を作りました。

しかし現実の世界はそう簡単ではありません。

日経平均株価が1年間で36％以上も下落してしまう可能性は、ほんとうに2％程度しかないのでしょうか。

かつてイェール大学で名誉教授を勤めたベノワ・マンデルブロ（1924〜2010年）は、1916年から2003年にかけての88年間のニューヨーク市場の日々の動きを分析しました。そして株価の値動きは「正規分布にはなっていない」との結論に達しました。

実際のところ、正規分布よりも、もっと大きな変化がかなり高い頻度で出現していたのです。

マンデルブロはこう述べます。

「（88年の間に）正規分布ならば3・4％を超える変化を示す日は58日期待されますが、実際には1001日もありました。また、4・5％以上の変化は同様に6日程度のはずですが366日もあったのです。さらに、7％を超えるような変化は30万年に1回しか起こらないはずなのですが、それが48日もありました」（ベノワ・B・マンデルブロほか著『禁断の市場』32頁）。

さらに次のように述べています。

「2002年には、ダウ平均は1日で7・7%下落しましたが、このようなことが起こる確率は標準理論では500億分の1程度になります。2002年7月には7日間の取引で3回の大幅な下落を記録しましたが、この現象の起こる理論的な確率は4兆分の1です。そして、『ブラック・マンデー』と言われる1987年10月19日には、1日で29・2%という過去100年間で最大の下げ幅を記録しました。アナリストによれば、このような暴落が起こる確率は何と10の50乗分の1以下となります。宇宙の大きさと原子の大きさを比べても、小数点以下0が50個も並ぶような小さな数字が出てくることはありません」（前掲書21ページ）。

■1年に39%下落するのは1000年に2回以下のはずなのだが……

マンデルブロによる警鐘は、2008年のリーマンショックとなって出現してしまいました。

後述するようにダウ平均株価のリスク（標準偏差）はおおむね年率13%前後です

（注：日経平均の場合は年率18％でした）。ということは、正規分布を前提とする限り、ダウ平均株価が1年に39％（13％×3＝39％＝標準偏差×3）も下落するのは、0・14％の確率でしか起こりえないことになります。1000年に2回以下の確率です。

しかしながら現実には2008年3月10日から翌年3月9日にかけて株価は44％下落してしまったのです（1万1740ドル→6547ドル）。

正規分布を信じたことで生じた悲惨な例はいくつもあります。

1994年に設立されたヘッジファンド「ロングターム・キャピタル・マネジメント（LTCM）」。

このファンドの運用者たちは、ドリームチームと呼ばれていました。マイロン・ショールズとロバート・マートンという2人のノーベル経済学賞受賞者を擁していたからです。

彼らは統計的な標準偏差の考えを究め、これを理論化し磨きあげて、トレーディングに臨みました。

しかし実際には設立後わずか4年で、このファンドは実質的に破綻してしまったの

「ベキ分布」の概念図

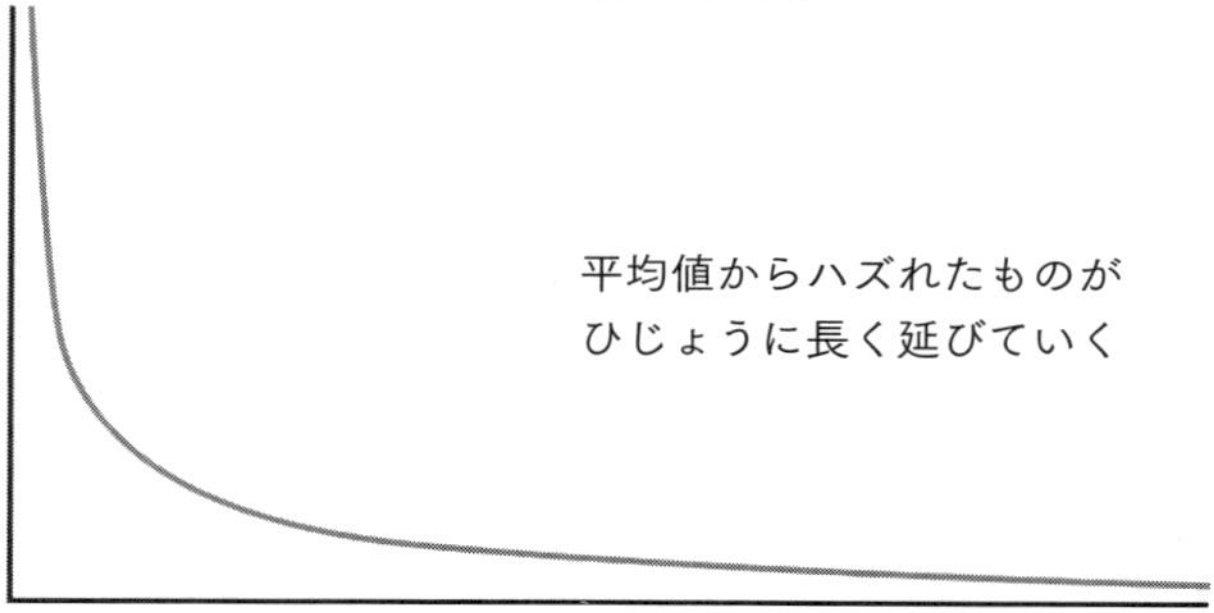
平均値からハズれたものが
ひじょうに長く延びていく

です。

市場の下振れが、正規分布よりも「もっとずっと高い確率で起こりうる」ことは今やニューヨークやロンドンの市場関係者の間では自明の理となっています。

のみならず、現在では現実のマーケットは正規分布とはかなり違い、「ベキ分布」（グラフの形状としては、右ページの図のように平均値からハズれたものがひじょうに長く延びる）ではないかと考える人たちも多く出てきています。

いずれにせよ正規分布を前提とした標準偏差の数値は、ポートフォリオのリスクを知る上で、ある程度有用ですが、（1）これを重視し過ぎないこと、（2）実際にはテールリスク（想定以上の下振れリスク）が存在することに留意しておく必要があります。

Quiz 15　過去30年間の実績でダウ平均株価とMSCI ワールドとを比べると、ダウ平均株価のほうが（1）リターンは高く、かつ（2）リスク（標準偏差）が低い（○ or ×）

答え　○　一般的には、リターンの高いもののほうがリスクも高いのですが、過去30年の実績で比べる限り、ダウ平均株価のほうが（1）リターンは高く、かつ（2）リスク（標準偏差）が低い、という結果を出しています。

■ポートフォリオの属性を知る

ここまで、偏差値とか標準偏差とか、やや耳慣れない言葉を使ってきました。そして「その結論は」と言うと、「株価の動きは実際には正規分布ではないので、あまり偏重しないで欲しい」というもの。

これではなんとなく「ハシゴを外された」ようだ――そう思う読者も多いかもしれ

ません。

しかし本書の神髄（と勝手に筆者が信じている）とも言える議論は、実はここから始まります。

そもそもこうしたリスク（標準偏差）の議論は何に利用することができるのでしょうか。

それは第1章で説明してきたリターンの話にも共通するのですが、過去の実績（どのくらい値を上げたか、どのくらいの値幅の振動があったか）を知ることで、そのポートフォリオ（あるいは株式）の属性を知ることができるからです。

第1章では、実際の数字を並べてダウ平均株価と日経平均とを比較しました。その方がリアリティに基づく実感が得られるからです。

しかし実は、もっと簡単な数字で、あるポートフォリオなり、指数（インデックス）が、

(1) どのくらい値を上げたか（リターン）

(2) どのくらいの値幅の振動があったか（リスク、すなわち標準偏差）を知ることが

主要インデックス(指数)のリターンとリスク(標準偏差)

2018年11月末現在

	通貨	年数(年)	リターン(年率：%)	リスク(標準偏差)(年率：%)
ダウ平均株価	$	10	11.2	12.9
		20	5.3	13.9
		30	8.7	13.9
ＭＳＣＩコクサイ	$	10	12.0	14.6
		20	5.8	15.2
		30	9.3	14.5
ＭＳＣＩワールド	$	10	11.5	14.2
		20	5.6	14.8
		30	7.3	14.6
Ｓ＆Ｐ 500	$	10	14.3	13.2
		20	6.4	14.4
		30	10.4	14.1
日経平均	円	10	10.1	18.0
		20	2.1	19.0
		30	▲0.9	20.8
ＴＯＰＩＸ	円	10	7.2	16.8
		20	1.9	17.4
		30	▲1.0	19.0

（出所：my INDEX, https://myindex.jp/）

できます。

■６つの指数（ポートフォリオ）を比較検討

能書きはこのくらいにして、次の６つの指数の過去のパフォーマンスを比較検討してみましょう。

まず６つの指数について簡単に説明します。

（１）ダウ平均株価　第１章で説明した通り、米国の代表銘柄30社の平均株価を指数化したものです。ダウ平均株価が考案されたのは１８８４年。その後、１８９６年に現在の形になりました。

この指数には資本主義の英知が詰め込まれていると言われ、これを凌駕するものはなかなか出て来ないと考えられていました（例外的なものとして、現在ダウと同じく幅広く使われているものに、Ｓ＆Ｐ５００があります。これは１９５７年に出来ました）。

本章の「米国は大丈夫か」の項で説明しましたが、日本を除く世界の先進22カ国の株式に投資するものです。これらの国で時価総額の大きい順に1312銘柄の株式が指数に組み込まれています。

(2) MSCI コクサイ

この指数は米国のMSCI社が発表しています。「MSCI」は「モルガン・スタンレー・キャピタル・インターナショナル」の頭文字に由来しますが、現在ではMSCI社とモルガン・スタンレー社との間に資本関係はありません。

日本ではMSCI コクサイの指数が比較的よく使われていますが、それはこの指数を使う人は、このほかに日本株（もしくは日本株の指数）への投資を行なうことが前提とされているからです。

海外の投資家は、「日本だけ別枠でさらに投資対象とする」とか、あるいは逆に「先進国から日本だけを特に除く」といったようなことはしません。日本を特別扱いしないのが一般的です。

このためMSCI コクサイの指数よりも、

・「MSCI ワールド」の指数（下記（3）で説明）

・「ＭＳＣＩ　ＥＡＦＥ」（Europe, Australia, Far East の略で、米国、カナダを除く先進国21カ国）、

・「ＭＳＣＩ　エマージング・マーケット・インデックス」（新興国24カ国）

・「ＭＳＣＩ　オール・カントリー・ワールド・インデックス」（ＡＣＷＩ。先進国23カ国プラス新興国24カ国）

などがよく使われています。

（３）ＭＳＣＩ　ワールド

米国のＭＳＣＩ社が発表しているもので、日本や米国を含む世界の先進23カ国の株式に投資するものです。時価総額の大きい順に１６３４銘柄の株式が指数に組み込まれています。世界の機関投資家などに幅広く使われています。

（４）Ｓ＆Ｐ５００

ダウ平均株価と同じく、「Ｓ＆Ｐ　ダウ・ジョーンズ・インデックス社」が発表しています。アメリカの代表的な株価指数です。

Ｓ＆Ｐ５００は、米国の株式市場に上場している銘柄から、代表的な５００銘柄を選び、これらの株価を基に算出されます。

ダウ平均株価がたった30社から成るのに対して、S&P500は500銘柄から成り、より広く網羅していることから、多くの機関投資家によって利用されています。

なおS&P500は、米国で上場されているすべての株式の8割（時価総額ベース）をカバーしている計算になります。

（5）日経平均　日本経済新聞社が東証一部に上場している会社の中から225社を選んで算出している指数。

（6）TOPIX　東証株価指数のことで、東京証券取引所第一部に上場している全銘柄（全部で約2100社あります）を対象にしています。

■6つの指数の比較表をどう読み込むか（①リターンについて）

さて6つの指数が何であるかを把握した後は、186ページの「6つの指数（ポートフォリオ）比較表」を詳しく見ていきましょう。

まずリターンのところですが、これは6つの指標（ポートフォリオ）が、当該の期間内に、それぞれどれくらいのリターンを年率ベースで上げたか（年率でどのくらい値を上げたか）を示しています。

たとえばダウ平均株価の過去10年間のリターンは表によると年率で11・2％とあります。念のため、実際に数字をあてはめて計算してみましょう。

・10年前（２００８年11月末）のダウ平均株価：８８２９ドル
・２０１８年11月末のダウ平均株価：２万５５３８ドル

なので、10年間の伸長率は確かに年率平均で11・2％となります（エクセルで簡単に計算できます）。

「期間10年」のところで表から数字を拾っていきますと、最もリターンが良かったのは、Ｓ＆Ｐ５００で、14・３％。最悪はＴＯＰＩＸの７・２％でした。

「期間30年」で見ると、ベストはＳ＆Ｐ５００の10・４％、最悪はＴＯＰＩＸの▲

1・0%でした。

Quiz 15で取り上げているダウ平均とMSCI ワールドの比較では、10年ではMSCI ワールドのほうが、リターンが高く、30年ではダウのほうが、リターンが高かったという結果になります。

■6つの指数の比較表をどう読み込むか（②リスクについて）

次にリスク（標準偏差）のところを見てみましょう。

10年間で最も指数の振れ幅が小さかったのは、ダウ平均株価で12・9%。

逆に最も振れ幅の大きかったのが、日経平均の18・0%。

30年間ではどうでしょう。

もっとも振れ幅が小さくリスクが低かったのは、ダウ平均株価の13・9%。最も振れ幅が大きくリスクが高かったのは、日経平均の20・8%ということになります。

当然のことながら、リスク（標準偏差）は、小さければ小さいほどよく、リターンは高ければ高いほどよいことになります。

そういった意味でお勧めできるのは、ダウ平均株価なり、S&P500、あるいはMSCI コクサイといった指数。

逆に日経平均やTOPIXは、リスクが大きい割にはリターンが小さいので、お勧めできません（なお、ここでの議論は為替の要因を捨象して考えています）。

■プロが予想する数字をそのまま使うことの難しさ

さて、前掲の表の数字はすべて過去の実績に基づく数値です。

当然のことながら、これらは将来を予想するものではありません。

そして株式投資で重要になるのは実は「将来の数字」です。

以上のことから、本来は、過去の実績値ではなく、将来の予想値をベースにして各々の指数を比較検討していくべきなのですが、これが実際問題として簡単ではありません。

たとえばリターンについては「期待リターン」という概念があります。これは（1）予想経済成長率、（2）予想インフレ率、（3）予想益利回り（注：予想利益を株価で割ったもの。予想ＰＥＲ〈株価収益率〉の逆数になる）といった数値をベースに、金融機関や年金基金などが独自に算出しているもので、今後予想される「リターンの期待値」を表わします。

ＧＰＩＦ（年金積立金管理運用独立行政法人）、ＪＰモルガン・アセット・マネジメント、フランクリン・テンプルトン・インベストメンツなどの諸機関が期待リターンを発表していますが、あまり当てになりません。２０１８年は１年間を通じて、株式相場にとっては悲惨な結果（マイナスのリターン）をもたらしましたが、２０１７年の段階ではどの機関も18年の「期待リターン」を高め（４・５％〜６・５％）に設定していました。

マネー評論家の人たちが書く投資本には、「個人投資家としてはプロの予想する期待リターンの数字を使いましょう」と書かれていますが、これを信じて投資しても損をするのは個人投資家のほうです。

■過去の実績値にはそれなりに理由がある

そこでもう一度着目したいのが、過去の実績値です。実績値でこれだけの差が出たということは、その裏に何か理由があるのではないか。そしてその理由は将来も継続するものなのかどうか。このへんを吟味することが将来の数字を予想する上での鍵となりそうです。

こうした視点に立ってもう一度数字を眺めてみると、30年前にまで遡った日経平均やTOPIXのデータは、バブル期の日本の株式市場（注：株価が理論的に間違ったレベルで形成されてしまった）との比較になってしまっていることから、これを除外して考えたほうが良さそうです（要するに、「バブル期に比べて下がっている」との理由で将来の日本株のパフォーマンス評価に鉄槌を下すのは酷だという考え方です）。

しかし過去10年、20年の数字が、日本と米国、または日本と他の先進国でこれほど差がついてしまったのは、どうしてなのでしょうか。この要因は構造的なものなのか、そして今後たとえば「これから先の10年」を予想する場合に、無視できるものかなのか、あるいは無視できないものなのか――。

このへんについては、読者のみなさん一人ひとりで見方が違うと思われます。ウォーレン・バフェットも師匠として仰いだフィリップ・フィッシャーによれば、「過去の実績にはそれなりに理由があるのであって、通常は今後を見通すうえでの重要な判断材料になる」とのこと。

したがって、「これまでダウ平均株価はかなりのペースで上がってきた。よって高くなりすぎてしまった。だからこれからは（これまで値をあまり上げてこなかった）日本株の時代だ」といった論調には（何か特別な事由があると考えられない限り）与《くみ》しない方が無難です。

■1％のリターンの違いが大きな差になる

ところで、Quiz 15の議論は、比較検討しやすいように年率平均というパーセント表示の数字をベースとした議論になっています。

このため実感しにくいかもしれませんが、10年、20年、30年といった具合に長期の期間で考えると、1％の差というのは、相当大きな差となってきます。

たとえば100万円を年率平均8％で運用した場合を見てみましょう（ダウの過去30年間の年率平均リターンは8・7％なので決して非現実的な数字ではありません）。

100万円を年率平均8％で運用すると30年後には、1006万円になります（100万円×1・08の30乗）。10倍です。

ところが7％で運用すると、30年後には761万円（7・6倍）。

245万円もの差がついてしまいます。

「たった1％の差でも大きな差になる」——このことを頭に入れておく必要があります。

Quiz 16　MSCI コクサイは全体の69％が米国株、次に多いのがドイツ株で全体の6％である（◯ or ×）

答え　×　MSCI コクサイは、日本を除く先進国22カ国に投資するポート

MSCI　コクサイの米国株上位10銘柄

	Floal Adj Mkt Cap (USD Billjons)	Index WL（%）	Secter
APPLE	877.75	2.47	Info Tech
MICROSOFT CORP	809.39	2.27	Info Tech
AMAZON.COM	697.10	1.96	Cons Discr
JOHNSON & JOHNSON	394.01	1.11	Health Care
JPMORGAN CHASE & CO	378.58	1.06	Financials
ALPHABET C	343.71	0.97	Info Tech
FACEBOOK A	337.27	0.95	Info Tech
EKKON MOBIL CORP	36..59	0.95	Energy
ALPHABET A	331.40	0.93	Info Tech
BERKSHIRE HATHAWAY B	279.08	0.78	Financials
Total	4,784.87	13.44	

フォリオの指数ですが、その中身をきちんと調べておくことが必要です。ポートフォリオの中身は、米国（全体の69％）、イギリス（同6％）、フランス（同4％）、カナダ（同4％）の4カ国で、全体の83％を占めています（ドイツの割合は3％）。

■ポートフォリオの中身を知ることで理解を深める

ＭＳＣＩコクサイの中身の銘柄を国別に見ると右記の「答え」のようになります。

次にポートフォリオ内の具体的な銘柄を見てみると、表のように上位10位までの銘柄は、いずれも米国株です。

これら上位10銘柄でポートフォリオ全体の13％を占めています。

Ｓ＆Ｐ 500の構成銘柄のうち上位10社

2019年1月3日現在

		割合（%）
1	マイクロソフト	3.7
2	アップル	3.1
3	グーグル	3.0
4	アマゾン	3.0
5	バークシャー・ハサウェイ	1.8
6	ジョンソン＆ジョンソン	1.6
7	ＪＰモルガン	1.6
8	フェイスブック	1.5
9	エクソンモービル	1.4
10	ファイザー	1.2
	合計	22.0

日本を含む先進国23カ国に投資する「ＭＳＣＩワールド」の場合はどうでしょうか。

ポートフォリオの中身を国別に見ると、米国株63％、次に日本株が８％といった順で続きます。ポートフォリオ内の具体的な銘柄を見ると、上位10位はＭＳＣＩコクサイとまったく同じ顔ぶれになっています。

Ｓ＆Ｐ５００を構成する上位10社は表の通りですが、ダウには採用されていないアマゾン、グーグル、フェイスブックなどの顔ぶれが見受けられます。

Ｓ＆Ｐ５００は、全米の５００社から構

成されているのですが、実は上位10社で全体の22％を占めており、これらの株価動向が、S&P500全体の動向に比較的大きな影響を及ぼしています。

Quiz 17　最適なアセット・アロケーションを実現するためには、株式だけでなく債券での運用も考えるようにする（○ or ×）

答え　○　投資家の保有資産全体を100とする場合、これをどのような資産配分で持つかを決めることを「アセット・アロケーション」と言っています。

アセット・アロケーションにおいて、いちばんのポイントは「債券と株式をどのような比率で持つか」という点になります。

■アセット・アロケーションとは

ある人が持つ金融資産を100とした場合、何をどのような割合で持つかを考えるのが「アセット・アロケーション」です。日本語に訳せば「資産の配分」といった意味になります。

米国では「個人が長期的にどれくらいの資産を構築できるか――これを決めることになる〝もっとも大きな要因〟は、どういうふうにアセット・アロケーションを組むかである」と言われています。

実際、「アセット・アロケーションをどう組むかによって富の蓄積がどうなっていくかの90％が左右されてしまう」と言う人もあるほどです。

そして、すでに述べたように、米国では一般に「金融資産は株と債券で持て。その比率は『100マイナス年齢』で株式を持て」と言われてきました。

つまりあなたが30歳の場合は、「100歳－30歳＝70」なので、運用に回せる金融資産のうち、70％は株式で、30％は債券で持つようにするというのが原則でした。

■アセット・アロケーションを考える上での、日本固有の事情

米国（や他の先進国）の原則が、そのままの形では日本に当てはまりにくいのは、

本書の第2章（112〜116ページ）で述べた通りです。不幸にもわれわれ日本人は資産運用面で米国人に比べてリスクを取りづらくなっているのですが、実は「100マイナス年齢」の原則を日本で難しくしている、もう一つの決定的要因があります。

それは、個人投資家にとっては債券での運用がほとんど意味をなさなくなっているという点です。

米国人であれば、現状（2019年1月）、10年物の米国債で運用すれば、年あたり2・7%の金利が見込めます。これから先、金利水準が変わらないと仮定して、10年後にあなたの100ドルは131ドルになっています（議論の単純化の為、年1回の利払い、複利運用を想定）。

株式のように値下がりの可能性がある運用と違って、債券での運用は、満期まで持てば、確実に当初予定通りの金利と元本が返ってきます。つまり所有金融資産のうち、リスクを取りたくない部分については、このように債券で運用すればいいのです。

残念ながら日本ではこうはいきません。

日本の場合、債券と言っても、米国と違って、ほとんど金利を生まなくなっているからです。

2016年にマイナス金利政策が取られて以降、10年物日本国債の利回りは（大部分の場合において）マイナス0・3％からプラス0・1％程度の間で推移してきています（19年1月現在）。

つまり債券での運用というのはあまり意味をなさず、マイナス金利で運用するくらいなら、定期預金に置けばいいということになってしまいます。

現状、メガバンクに定期預金で置くと、金利は0・01％程度。ネット銀行では取引開始に際してはキャンペーン金利が適用になることもありますが、それも通常は最初の1年間だけです。

人によっては個人向け国債で運用したいという人もいるでしょう。個人向け国債の「変動10」（変動金利型10年満期）も、「固定5」（固定金利型5年満期）も、現状、金利は最下限とされている0・05％（変動型はこれから先、市場金利が上昇していけば上がることもありえます。ただし、個人向け国債の場合は発行から1年間は中途換金が出来ないといった難点もあるので注意が必要です）。

ところで現状の個人向け国債の「0・05％」という金利水準はどういったものなのでしょうか。具体例でイメージしてみましょう。

たとえば1000万円を個人向け国債で10年間運用したとしても、現状の適用金利（0・05％）が変わらなければ、利息の合計額は10年間で、

1000万円×0・05％×10年＝5万円にしかなりません（年5000円です。なお実際にはここから税金を取られます）。

これが仮に米国のように2・7％の金利が付くとすれば、利息の合計額は10年間で、1000万円×2・7％×10年＝270万円になります（年27万円です）。

つまり債券で運用することに、米国の場合はそれなりの意味が出てくるようになります。

このように日本における運用の場合には、アセット・アロケーションと言っても、言葉倒れに終わってしまう面もあるのですが、そうは言っても、金融資産のうち価格

変動に曝《さら》されることの大きい株式は「一定割合に抑えておく」（それ以外の部分は定期預金だろうと個人向け国債だろうと、そんなに大差ないが、とにかく元本が保証される形にしておく）という考え方自体は重要でしょう。

■リバランス

株と債券の保有割合が、（双方の値動きの結果）当初予定に比して崩れてしまった場合、これを元に戻す、あるいは再検討の上、適当と思われる比率に調整し直すことを「リバランス」と言っています。

ファンドなどが運用する資産は、予め投資家に対して「こういった比率で運用します」と開示した上で投資家から資金を集めています。また年金基金なども運用比率を開示しています。

たとえばＧＰＩＦ（年金積立金管理運用独立行政法人）は、①国内債券35％、②国内株式25％、③外国債券15％、④外国株式25％の比率で運用すると、おおよそのガイドラインを決めています。

ＧＰＩＦが、ずっとこの比率をキープ出来れば問題ないのでしょうが、実際には保有金融資産は価格変動します。このため、実際の比率が、この目標比率から大幅に逸脱してしまえば、これを元の比率に戻すための売買（すなわちここで言う「リバランス」）が必要になります。

ちなみにＧＰＩＦでは、たとえば国内債券の保有比率については乖離許容幅を±10％と設定しています。つまり国内債券の保有割合は全体の25～45％の範囲内に収めるようにリバランスを行なっています。

このようにファンドなどは、「この比率で運用します」と明示した上で投資家から資金を集めていますので、リバランスはどうしても必要になってきます。

これに対して、個人投資家はこうしたリバランスを行なう必要があるのかどうか。

大きく分けて3つの考え方があります。このどれを取るかは人それぞれです。何が正しいかについては、専門家や学者の間でも意見が分かれるところです。ここでは3つの異なった考え方のみを記すことにします。みなさんは、どの考え方に賛成しますか。

（1）個人投資家といえども当初設定した比率（たとえば60％の割合で株式を持つ）にはそれなりの意味があったはず。値動きによってそれが崩れてしまったのであれば、売買（上がったものを売却して下がったものを買い増す）によって、元の適正と考えた比率に戻す必要がある、つまりリバランスを行なうべきだとする考え方。

■平均回帰性とシラーPER

（2）リバランスに関する2つ目の考え方は、平均回帰性（mean reversion）の考え方に基づくものです。

一般に株価は世界経済の成長とともに上昇していく基調にあると考えられますが、実際には上下動を伴います（次ページの図参照）。

つまり株価は、上がり過ぎれば下がるし、下がり過ぎれば上がるもの。こうした値動きを繰り返しながら、「平均的なトレンドライン」に回帰していくと考えられています（図では波型が実際の株価、ゆるやかな右肩上がりがトレンドライン）。

上下動を伴う、世界経済の成長

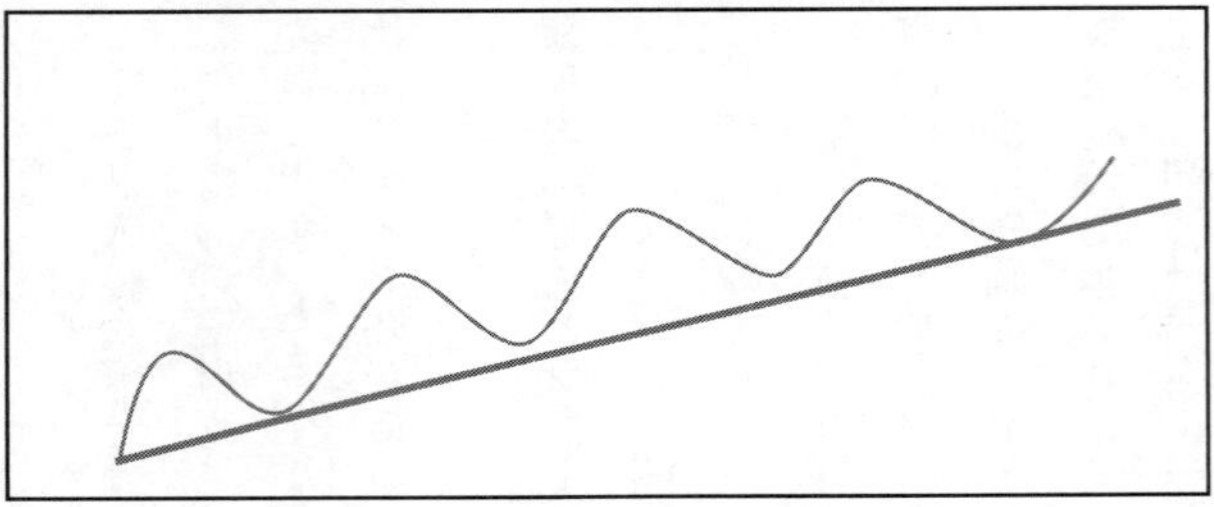

保有ポートフォリオにおいて、たとえば株の比率が当初に比して高まったということは、(この値動きの上下動の結果)株価が高くなりすぎたということに違いありません。このときに株を売って、より安全な資産の債券に乗り換えておきます。

逆に株の比率が低くなりすぎたということであれば、株価が安くなりすぎたということ。このときは債券を売って安くなった株を買います。

こうした観点からのリバランスを行なうことは長い時間軸の中で、トータルのリターンを押し上げるはずだとする考え方です。

なお「現在の株価」を「過去10年間の1株あたり純利益の平均値」で割った数値を「シラーPER」と呼んでいます。「シラーPERが13のときに株を買い、28で売るという投資戦略」を取ると、こうした投資手法を取らずに株を持ちきる場合に比べて、格段のリターンを上げることができたとの実証研究も発表されています。

これは1881年から2013年までの132年間のデータに基づく実証研究なのですが、平均回帰性の考えを実践に移した例として注目されています。

■フィリップ・フィッシャーの3人の学生

(3)リバランスに関する3つ目の考え方は、機関投資家にとってはリバランスが必要ですが、個人投資家は、これを行なう必要はないというものです。

たとえば、さきほど述べたように、GPIF(年金積立金管理運用独立行政法人)は、

①国内債券35%、②国内株式25%、③外国債券15%、④外国株式25%

の比率で運用すると決めています。

このGPIFの運用方針を個人投資家が真似て、たとえば国内株式と外国株式を1対1の割合で運用することにしたとします。

話を簡単にするために、国内株式は日経平均、外国株式はダウ平均株価で運用するものとし、為替の影響は捨象して考えます。また債券で運用する部分については議論に含めないこととします。

さて、この前提で、もしもこれから先20年の株式市場が過去の20年と同じような展開をたどると仮定すると、186ページの図に見るように、ダウ平均株価は年率平均5・3％の伸長率、日経平均は年率平均2・1％の伸長率です。

運用を始めて1年後のポートフォリオを見ると、どうでしょう。値動きの結果、ダウ平均株価で運用している部分が相対的に増えて、日経平均で運用している部分が相対的に減ってしまっている筈です（両者のパフォーマンスの差から）。

ここでリバランスを行なうとすると、ダウを売って日経を買うことで、両者の比率を1対1に戻すという操作をすることになります。

翌年も、その次の年も同じことをしていくと、どうでしょう。

リバランスをしない場合に比べて、ポートフォリオ全体のパフォーマンスがぐんと悪くなることが想像できると思います。というのは、より高い伸長率で値を上げていくダウを減らし、低い伸長率の日経平均を増やす操作を毎年していくからです。

リバランスというのは、ある意味、ある株が高くなりすぎたといって、これを売って、まだ安い株に乗り換える投資手法に似ています。

かつてスタンフォード大学のビジネススクールで教鞭を執り、ウォーレン・バフェットも師と仰いだフィリップ・フィッシャーは、「3人のクラスメートの話」を使って、この投資手法は「もっとも馬鹿げている」と述べています。以下、拙著『気弱な人が成功する株式投資』（祥伝社新書）154頁からフィリップ・フィッシャーの「3人のクラスメートの話」を引用してみます。

「あなたは大学卒業時に、3人のクラスメートそれぞれと、次の契約を取り交わすものとする。『あなたは、彼らが最初の1年で稼ぐ給料の10倍の金額を彼らに与える。その代り、彼らは生涯にわたって、彼らが毎年稼ぐ報酬の4分の1をあなたに払い続ける』。

10年後、3人のうち1人（A君）は素晴らしい成功を収める。大会社でどんどんと昇進を重ね、社長からも一目置かれる存在に。次の10年でA君は社長になるに違いない。そうなれば報酬もケタ違いになり、ストック・オプションなども手にするだろう。一方、B君とC君はうだつが上がらず、10年経っても給料はほとんど変わらない。

さてこの段階で、ある人が当初（10年前）あなたがA君に与えた金額の6倍をあなたに支払うから、A君から毎年報酬の4分の1を受け取る権利を譲ってくれと言われたら、あなたはどうするか。その権利を売って得たお金で、B君なりC君にさらなる投資をして乗り換えるだろうか」

株が高くなり過ぎたからと売って、まだ安い株に乗り換えるというのは、「A君という有望株を売ってB君、C君に乗り換えるのに等しい」とフィッシャーは論じています。

Quiz 18　世界経済の成長を取り込むには、ポートフォリオに新興国株式も含めたほうがいい（○ or ×）

答え　○〜△　一般的には、途上国株式も含めたほうがいいと考えられています。しかし過去10年、20年といった期間での実績を見る限り、新興国株式のリターンには米国株や先進国株に比して、それほどの優位性は認められず、一方で、リスク（標準偏差）については、かなり劣後する（リスクが大きい）のが気になるところです。

■世界各国の株式時価総額と同じ比率のポートフォリオを持つ、という考え方

これまで本書では、「日本株だけに限らないで、ホライズンを広げて考えよう」、つまり「ダウ平均株価やMSCI コクサイといった指数での運用を考えよう」としか言ってきませんでした。

実は、これをほんとうに実施するだけでも数年後、あなたのポートフォリオは日本

株オンリーでの運用に比べて、リターンが改善することが期待されます（少なくとも過去の実績に鑑みれば、こう結論できます）。

それでは、もう一歩、踏み出して、最適な株式ポートフォリオというのはどう構築すればいいのでしょうか。たとえば、日本株50％、米国株50％と考えればいいのでしょうか。

実は、ここから先は定説がなく、いろんな考え方があるのですが、一般的には（1）世界各国の株式時価総額と同じ比率で株式のアセット・アロケーションを組め、あるいは（2）世界各国のGDP比率と同じ比率にせよ、などと言われています。

まず（1）世界各国の株式時価総額と同じ比率にすると次のようになります（2018年11月の時価総額ベース）。

①米国55％、②その他先進国（日本を除く）27％、③日本8％、④新興国10％

一方で、（2）世界各国のGDP比率と同じ比率にするといった考え方に立てば、

新興国インデックス（指数）のリターンとリスク（標準偏差）

2018年11月末現在

	通貨	年数（年）	リターン（年率：％）	リスク（標準偏差）（年率：％）
ＭＳＣＩエマージング	$	10	9.5	19.4
		20	8.9	21.8
		30	9.7	22.7
ＭＳＣＩコクサイ	$	10	12.0	14.6
		20	5.8	15.2
		30	9.3	14.5
ＭＳＣＩワールド	$	10	11.5	14.2
		20	5.6	14.8
		30	7.3	14.6

（出所：my INDEX, https://myindex.jp/）

株式のアセット・アロケーションは次のようになります（２０１８年 IMF World Economic Outlook をベースに算出）。

①米国24％、②その他先進国（日本を除く）30％、③日本６％、④新興国40％

より広く言われているのは（１）のほうですので、ここでは、（１）の考え方をもう少し掘り下げてみましょう。

世界各国の株式時価総額と同じ比率にするには、米国株主体、もしくは先進国主体のポートフォリオに、日本株のポートフォリオを８％ほど組み入れ、かつまた新興国のポートフォリオを10%ほど加えることを意味します。はたして、これによって、リスク（標準偏差）は抑えられ、リターンは改善するのでしょうか。

186ページの「主要インデックス（指数）のリターンとリスク（標準偏差）」の表で見た通り、これまでの実績を見る限り、日本株のインデックスは、日経平均にせよTOPIXにせよ、ダウ平均株価やMSCIコクサイに比べ、リターンは劣後し、リスクは高かったのです（あくまでも過去10年、20年、30年の実績ベースの話ですが……）。

新興国のインデックスである「MSCIエマージング・マーケット・インデックス」はどうでしょう。

表の通り、過去20年や30年という期間にまでストレッチしてみれば、新興国の「MSCIエマージング・マーケット・インデックス」は、先進国の株価指数であるMSCIコクサイやMSCIワールドに比して、比較的高いリターンが認められます。

しかし過去10年では、新興国の完敗（先進国の完勝）といった状況です。

一方で、リスク（標準偏差）については、どの期間を取ってもMSCI コクサイやMSCI ワールドに比して、新興国の指数はかなり劣後する形になっています。

つまり過去の数字だけを考えてみれば、日本株や新興国株は、ポートフォリオに含めないほうがいいという結論になります。

■新興国株式指数をよく見てみよう

MSCI エマージング・マーケット・インデックスのポートフォリオの56%は、中国、韓国、台湾から成り立っています（2018年11月末）。

新興国と言っても、要は、中国（31%）、韓国（14%）、台湾（11%）なのです。

そしてさらに付け加えると、テンセント（中国）、アリババ（中国）、台湾セミコンダクター（TSMC）、サムスン（韓国）の4社でポートフォリオ全体の16%を占めるに至っています。

MSCI コクサイやMSCI ワールドにおいては、ポートフォリオの上位10社を合わせても、全体の12～13%に過ぎません。

これに対してMSCI エマージング・マーケットでは、上記の上位4社だけで全体の16%を占めてしまうのです。

それゆえ、MSCI エマージング・マーケットは、これら4社の株価動向の影響を大きく受ける形となっています（ゆえにリスク〈標準偏差〉が大きい）。

ここでもう一度、フィリップ・フィッシャーの3人の学生のたとえにならって、米国株主体、もしくは先進国主体のポートフォリオに、日本株および新興国のポートフォリオを組み入れることの是非を考えてみましょう。

個人投資家のAさんは、世界市場に近い形で、日本株8%、先進国株（日本以外）82%、新興国株10%のポートフォリオを組みましたが、数年後、先進国（日本以外）のパフォーマンスが抜きん出て良くなり、結果的に日本株7%、先進国株（日本以外）85%、新興国株8%となってしまいました。

彼はこれを元の比率に戻すため、先進国株（日本以外）を売却し、日本株と新興国株を買い増した（つまり「リバランスを行なった」）のですが、これはフィリップ・フィッシャーの言う「出来る学生（株式）を売って、出来ない学生（株式）を買う」という愚行に繋がるのではないでしょうか。

もちろん過去は過去であって、将来を予測するものではありません。

たとえば、中国のＧＤＰはいずれ米国を抜くと考えられています。

そういったことを考えると、新興国に投資するという考え方も当然「有り」だとは思います。しかし同時に「出来る学生（株式）を売って、出来ない学生（株式）を買う」という愚行だけは避けるようにしたいものです。

なお最後に注意点を一つだけ述べておきます。中国など新興国は資本規制を設けることが少なくありません。このためＭＳＣＩ社は、２０１４年から中国本土に上場されている中国株（人民元建てのＡ株）の「ＭＳＣＩ　エマージング・マーケット」への組み入れを検討してきましたが、３年連続でこれを見送ってきています。ようやく２０１８年６月から組み入れ比率を１％未満に抑えて組み入れを開始しました。

現在、ＭＳＣＩ社の新興国指数に組み入れられているテンセントなどの中国株は、香港市場やニューヨーク市場（アリババの場合）などに上場しているものです。中国のＩＴ企業３巨頭、バイドゥ、アリババ、テンセントのうち、中国の国内Ａ株市場に上場しているところは現状（２０１８年６月）ではありません。新興国への株式投資といっても、その中身をよく見る必要があるのです。

Quiz 19　為替リスクを取りたくない人のために円建てのダウ平均株価指数が用意されている（○ or ×）

答え　×〜△　日本円換算したダウ平均株価指数（対象株価指数）に連動する投資成果をめざすように開発されたＥＴＦを東証で買うことは出来ます。同様に、円建てのＳ＆Ｐ５００株価指数、ＭＳＣＩ コクサイなども用意されています。

しかしこれらの円建てＥＴＦが投資対象としている原資産はドル建てですから、ＥＴＦの購入者が円ドルなどの為替リスクを負ってしまうことには変わりありません。

この点、よく誤解されることが多いのですが、分かりやすく説明しましょう。

円建てのダウ平均株価指数に連動する形で開発された東証上場のETFを1ドル＝110円の時に購入し、その後、たとえば（ドルベースのダウ平均が変化しなくとも）1ドル＝55円の円高になれば、円ベースETFは半値に下落してしまいます。

つまり表面的なETFの通貨が「ドル建てであれ、円建てであれ」、ETFが投資対象としている原資産がドル建てである以上、為替リスクを負ってしまうことには変わりありません。

■ダウ平均株価指数に投資する以上、為替リスクから逃れられない

このようにダウ平均株価指数に投資する以上、購入するのが円建てのETFであっても為替リスクから逃れることはできません。繰り返しになりますが、東証に上場されている円建てのETFを買おうと、ニューヨークに上場されているドル建てのETFを買おうと、負うことになる為替リスクは同じです。

しかし為替リスクを勘案してもダウ平均株価指数への投資は、日経平均株価指数への投資などに比べて、圧倒的に高いパフォーマンスを実現してきています。このあたりについては、すでに本書の第1章 Quiz 2で説明した通りです。

過去20年、30年、40年といった長期で見ると、(1) 40年前(1ドル=194円)に比べれば日本の国力・経済力向上といった要因で円高になりましたし、あるいは(2) 20年前(1ドル=116円)に比べても、日本のデフレなどの要因で、大きなトレンドとしては円高に推移してきています。

したがってダウ平均株価への投資は、「ドル→ドルベース」のリターンに比べて、円建てでのリターンは割り負けています(40年後、20年後に円に戻すときに円高になってしまったため)。しかしそれでも日経平均株価指数への投資などに比べて、ダウ平均株価指数への投資は圧倒的に高いパフォーマンスを実現してきているのです。

■為替リスクに対する2つの考え方

そもそもダウ平均株価指数が高いリターンを上げると予想されるからといって、為替リスクを取ってまでして、ダウに投資する意味合いがあるのでしょうか。過去20年、30年、40年といった「いずれの時期」で見ても、答えは「為替リスクを取ってもダウに投資するほうが圧倒的に良かった」ということなのですが、これは将来を保証するものではありません。

ここで為替リスクについてもう少し掘り下げて考えてみましょう。

為替リスクに対しては大きく分けて次の２つの考え方があるようです。

一つは、為替リスクはいっさい取らないで済めば、それに越したことはないという考え方。

二つめは、インデックスなどで運用する資産に関してはむしろドル建てのもので運用したい（為替リスクを積極的に取りたい）という考え方です。

①為替リスクはいっさい取らないで済めば、それに越したことはないという考え方

私たちが投資をするのは（多くの場合）、75歳とか80歳といった年齢になって働くことが出来なくなったときに「生きていくための資金」が必要だからです。

そして、そのときに生活に必要となる資金は「円」です。その円が為替レートに左右されて上下するのには耐えられない。そんなリスクは取りたくないという考え方です。

もう一つ、この考え方の人たちには長期で見た場合、将来もっと円高になるに違いないと考える人たちも含まれています。

長期で見た場合、将来もっと円高になるに違いないと考える人たちの論拠の1つは、実質実効為替レートで見ると、現状の為替レートは実のところ、かなりの円安に振れていて、現在の水準は1983年の水準（当時の名目為替レートは1ドル＝260円）に等しいという主張です。

こうした実質実効為替レートの議論は経済学者の人たちがよく使うものですが、簡単に言うと、これまで日本はずっとデフレでした。一方、アメリカはずっとインフレでした（その結果、アメリカではこれまでドルの貨幣価値は下落してきました）。

こうした貨幣の実質的価値に着目すると、日本円は（インフレにならず貨幣価値が減価しなかったことを勘案すれば）もっと円高に評価されてもいい（現状円安に評価され過ぎている）と考えるのです。

よって将来、仮に修正が働くとすれば今度は円高になる可能性が高いと考えるのです。

②インデックスなどで運用する資産に関してはむしろドル建てのものに投資したい（為替リスクを取りたい）という考え方

この考え方は、これから10〜30年先という長期で考えた場合、日本リスクを考えざるをえないというものです。30年のうちには70〜80％の確率で、南海トラフで巨大地震が発生、またこれとは別に首都直下型地震が30年以内に70％の確率で発生すると言われています。

かつて阪神・淡路大震災や東日本大震災が起きたときには、日本の保険会社による保険金支払いのニーズが発生。保険会社が持つ海外資産を処分して日本に還流させる動きが生じました。その結果、一時的に「ドル売り・円買い」になった局面もありました。

しかし首都直下型地震や南海トラフ巨大地震では、もっと大きな壊滅的打撃が日本を襲います。日本リスクを心配する人たちは、「このときには過去のような一時的円買いではなくて、逆に円が売り込まれるリスクがある」と考えます。

また地震とは別に、深刻な日本の財政状況を考えると、これから先、10〜30年後の日本の行く末が心配だと思う人も少なくありません。

であれば、自分の余剰資金で運用する金融資産はドルで持ちたいと考える人たちが「少なからず」と言いますか、「けっこう」いるようです。

もちろん彼らとて、将来必要となる資金は円です。しかし彼らは次のように考えるようです。
①すでに持っている不動産は円建てだ、②高齢になってもらう年金（老齢年金、企業年金）もすべて円建てになる、③だとしたら、少なくとも自分で運用する金融資産に関しては、日本リスクから遮断することを考えたい。
さて読者のみなさんが運用する金融資産に関しては、（1）円建て（為替リスク無

し）で運用するのか、あるいは（2）ドル建てか、それとも（3）たとえば50％は円建て、残り50％はドル建てといった具合に両者を併せて持つのか……。考え方は人それぞれです。自分の金融資産の多寡なども勘案しながら、自分が適切と考える運用スタンスを決めれば良いと思います。ただ、たとえ為替リスクを負ったとしても、ダウ平均で運用したほうが日経平均で運用したよりも、（円ベースに置き直してみても）かなりリターンが高かったという事実があります。

Quiz 20　ダウ平均株価指数に投資するには、ニューヨーク証券取引所（NYSE）に上場しているETFを買えばよい（○ or ×）

答え　○　はい、ETFとは上場している投資信託（ファンド）のことで、普通の株のように市場で、リアルタイムで売買できます。いちばんのお勧めはニューヨーク証券取引所に上場されている「スパイダー（SPDR）ダウ工業平均ETF」を買うこと。証券コード（ティッカー・シンボル）は

「DIA」で、1口233ドル（2018年末）で買うことができます。

■ダウ平均株価指数に連動するETFと投資信託

個人投資家の方がダウ平均株価指数で実際に運用する時には、ダウ平均株価に連動するように設計された「ETF」（上場投資信託）もしくは「非上場の投資信託」を買うことになります。

ここではその具体的方法について見ていきましょう。

いちばん簡単なのは、東証に上場されているETFを買うことです。

「ETFなんて買ったことがない」という方もおられるでしょう。簡単です。トヨタの株を買うときに、証券コード「7203」と打ちますよね（あるいは証券会社に電話して「トヨタ株を買ってください」と言うのかもしれません）。

これと同じように、証券コード「1546」なり「1679」と打ち込めばよいのです。

どちらも日本円換算したダウ平均株価指数（対象株価指数）に連動する投資成果を

めざすように開発されたETFで、円建てです。しかし為替リスクを負います（Quiz 19参照）。

ちなみに前者が「NEXT FUNDS ダウ・ジョーンズ工業株30種平均株価連動型上場投信」、後者が「Simple-X NY ダウ・ジョーンズ上場投信」。

東証に上場されているETFは日本株と同じような感覚で売買できますので簡便ですが、ETFが投資対象としているダウ平均株価指数は実際のニューヨークの株価動向によって値動きが上下します。すなわちリアルタイムでの株価動向を見ながらETFを売買したいということであれば、ニューヨーク証券取引所に上場されているETF（ドル建て）を購入することをお勧めします（これは米国に上場されている株式を購入するのと同じようにネット証券などで簡単に行なうことが出来ます）。

ダウ平均株価指数に連動するETFはニューヨーク証券取引所にいくつか上場されていますが、このうち、もっともポピュラーなものが、SPDR Dow Jones Industrial Average ETF Trust（ティッカーシンボル「DIA」）。DIAの純資産額は2兆円を超え、信託報酬を含む総経費率は、0・17％と割安です。余談ですが私もDIAで運用を行なっています。

なおETFではなくて非上場の投資信託を買うことによってダウ平均株価指数に投資することもできます。

Quiz 21　ウォーレン・バフェットがバークシャー・ハサウェイの経営権を握ったときにバークシャーの株を買っていれば、10万円が24億円になった（為替の影響は捨象して考えるものとする）（○ or ×）

答え　○　はい、この間、バークシャーの株価は2万4000倍超になっていますので、10万円の投資が24億円になっていたことになります。

■平均を上回る投資をめざしたい人へ

本章の冒頭で述べているように、本書がめざすのは、「平均をめざす投資法」です。

平均と言っても、すでに見てきたようにダウ平均株価はこれまで次のように伸長してきています。

過去20年間　2・5倍（為替レート勘案後の円→円ベースでは2・4倍）
過去30年間　10・8倍（為替レート勘案後の円→円ベースでは9・5倍）
過去40年間　29・0倍（為替レート勘案後の円→円ベースでは16・4倍）

このように平均をめざす投資法でも、日本の多くの個人投資家にとって「十分に満足のいく結果をもたらす」ものです。しかし中には「もっと上をめざしたい」という人もいるかもしれません。ここでは、こういった読者の方たちに参考になるかもしれないいくつかの点を書いていきたいと思います。

平均をめざすのではなく、その上を極めようとし、投資家として大成功したのがウォーレン・バフェットです。1964年から2017年にかけて、彼の投資会社バークシャー・ハサウェイの株価は実に2万4000倍超になりました。この間、アメリカの平均的な投資対象であるS&P500は156倍になったに過ぎませんでした

（156倍でも凄いのですが……）。

バフェットの投資手法は分散でリスクを低く抑えるのとは正反対。少数の銘柄に集中投資をすることで財をなしてきました。今では時価総額5030億ドルとなった巨大投資会社、バークシャー・ハサウェイ。この投資会社が運用する株式ポートフォリオの70％はたった6銘柄から成り立っています。

ここで注意しておきたいのは、米国でも他の国でも、たくさんの人たちが「バフェットに続け」とばかり集中投資をしてきたのですが、結果は全体としてみれば平均程度であったという点です。なかにはひどく傷ついてしまった人もいます。

それでも、たとえリスクをとってでも個別株式に投資していきたい――そんな人に対しては、次の3つのポイントをアドバイスとして挙げておきたいと思います。

【1】ジャングルを裸で歩くようなことはしない

投資という世界にはこれを本業として生計を立てている人もたくさんいます。金融工学を究め、高速コンピューターを使って、広範な情報を身につけて株式を売買している人もいます。最近では人工知能の活躍も目立ちます。そうした猛獣たちがいる「投資の世界というジャングル」を生半可な知識で歩けば、場合によっては身ぐるみ剝がされてしまうかもしれません。手前味噌になりますが、個別株投資を始めるうえでの押さえておきたいポイントを拙著『気弱な人が成功する株式投資』にまとめておきましたので、この本を出発点にして、さらにその中で紹介された本をいくつかあたってみるなどして、「ジャングル」を行く上での、コンパスなり武器を身につけるようにしてください。

【2】株価算定の考え方を身につけておく

株式を買うということは、会社の一部を買うということです。会社が発行している株を全部買えば、その会社は、これを買った投資家のものになります。つまり買って儲かる株とは、今後、価値が高くなっていく会社の株のことです。

ここで企業価値とは、企業が将来にわたって上げていくキャッシュフローを現在価値ベースに引き直したものの総和を言います。要するに企業がこれから上げる毎年のキャッシュフローの合計値です。

こうして算出される企業価値（企業が将来にわたって上げていくキャッシュフローの現在価値の総和）は、最終的には「企業に投資している人たち」に帰属します。

より正確には、株式の形で投資している「株主」と、負債の形で投資している社債権者などの「債権者」の双方に帰属します。

すなわち、「企業価値」＝「株主価値」＋「債権者の取り分」となります。そしてここから、「株主価値」＝「企業価値」－「債権者の取り分」という算式が成り立ちます。

このようにして算出された「株主価値」は効率的な市場のもとでは企業の時価総額に等しくなります。

つまり「株価」＝「株主価値」÷「企業の発行済み株数」という算式が得られ、こうして計算される株価が、その企業の「理論株価」ということになります。

個別株に投資していく上ではこうした株価算定の考え方を身につけておくことが必要になります。

投資銀行などが出している株式調査レポートは、そのほとんどが、こうした株価算定の考え方をベースに作成されており、この種の調査レポートをいくつか読み進むうちに、株価算定の考え方を身につけることができるようになります。

【3】自分の身の回りの変化に対する観察眼を磨け

企業が将来にわたって上げていくキャッシュフローを予測すると言っても実際には簡単なことではありません。私が心がけているのは、自分の身の回りの変化に対する観察眼を磨くということです。

たとえば1998年には日本中でユニクロのフリースが話題となりました。あなたの周りにも、軽くて温かくてカラフルだということで、当時フリースを買った人がいるかもしれません。

そんなに人気があるなら、これを販売するユニクロ（㈱ファーストリテイリング）のキャッシュフローも将来的に増大するに違いない――こう考えて、このとき（たとえば98年末）499円だったユニクロ株を買った人は、2018年末現在、5万637

0円の株を手にしています。つまり株価は113倍になりました。

同じような目で周りを見回してみましょう。スマホ（特にiPhone）を使う人が増えていませんか。アップル・ウォッチはどうでしょう。検索するときに昔はヤフーで検索していた人も、いつの間にかグーグルを使う人が増えています。買い物はアマゾンでするという人も増えました。フェイスブックやインスタグラムを使う人も多くなっています。「インスタ映え」という言葉は2017年の流行語大賞に選ばれました。

このように観察眼を磨き、将来の変化を予測することが、投資候補先の将来キャッシュフローを予測する上での第一歩になります。

ちなみにアップル、アマゾン、グーグル、フェイスブックの株価を5年前と比較しておきましょう（2013年末→2018年末）。

アップル（80ドル→157ドル　2・0倍）
アマゾン（398ドル→1501ドル　3・8倍）
グーグル（560ドル→1044ドル　1・9倍）

フェイスブック（54ドル→131ドル　2・4倍）

株式投資の醍醐味《だいごみ》は、このような個別株投資にあると考える人も少なくありません。当たればリターンは高いのですが、リスクも大きいことを認識しておく必要があります。

【第３章のまとめ】

株式投資は、毎日の株価変動にさらされます。このため、たとえば債券投資、特に満期まで持ち切る前提で行なう債券投資に比べると、株式投資は、①リスクが高い、そしてその分、②リターンも大きいことで知られています。

したがって、株式投資においては、如何にしてマーケットの下方変動（株価下落）に対する耐性を高めていくかが重要なテーマになります。

個別株への投資は、当たれば大きな資産価値上昇を手にしますが、外れれば株価は最悪ゼロになります（例：２０１０年の日本航空）。効率よく分散されたポートフォリオへの投資は、資産価格下落に対する耐性を高めます。

ただし実際の投資にあたっては、ポートフォリオの中身をよく吟味し、そのポートフォリオの属性を理解することが重要です。魚があまりいないところで釣りをしても、魚はあまり捕れません。魚がいるところ（安定した成長が期待できるところ）に釣り糸を垂らすことが鉄則です。

あとがき

平成の時代、つまり平成元年から30年までの30年間とは、いったいどんな時代だったのでしょうか。

次ページの表は、平成元年（上）から平成30年（下）までの30年間の変化を表わしたものです。「30年間で、これだけ変化した」ということを、世界のトップ企業「時価総額ランキング」の形で示しました。

一見したところ、上の表は「日本でのランキング」のように誤解されがちですが、そうではありません。２つの表は、どちらも「世界ランキング」を示したものです。

これを見て、「えっ！　日本勢が世界1位から5位までを独占していたのですか」と驚く人もいるかもしれません。「あの頃はバブルだったから」とか「円高だったから」とコメントする人もいるでしょう。

たしかにもしも円高であったとすれば、ドル換算の時価総額は、その分、高くなります。しかし「円高だったから」というのは事実ではありません。実は、１９８９年

世界のトップ企業（時価総額上位10位まで）の変遷

平成元年

順位	企業名	時価総額（億ドル）	国名
1	NTT	1,639	日本
2	日本興業銀行	716	日本
3	住友銀行	696	日本
4	富士銀行	671	日本
5	第一勧業銀行	661	日本
6	IBM	647	米国
7	三菱銀行	593	日本
8	エクソン	549	米国
9	東京電力	545	日本
10	ロイヤル・ダッチ・シェル	544	英・蘭

出所：米ビジネスウィーク誌（1989年7月17日号）

平成30年

順位	企業名	時価総額（億ドル）	国名
1	マイクロソフト	7,798	米国
2	アップル	7,485	米国
3	アマゾン	7,344	米国
4	グーグル	7,229	米国
5	バークシャー・ハサウェイ	5,028	米国
6	テンセント	3,792	中国
7	フェイスブック	3,767	米国
8	アリババ	3,525	中国
9	ジョンソン＆ジョンソン	3,461	米国
10	JPモルガン	3,246	米国

出所：2018年末時点での各社株価より算出

（平成元年）は今よりもずっと円安でした（年間を通して１２３円～１４９円の範囲に収まる）。

「バブルだった」というのは、その通りなのですが、しかしたとえバブルで膨らんだ株価を、その後30年間にわたって維持し続けたとしても、平成30年の世界のトップ企業「時価総額ランキング」には日本勢は一社も入ってきません。

この２つの表が示すのは、「日本が停滞なり後退した」ということよりも、むしろ、「この30年間に米国や中国の企業がもの凄い勢いで企業価値を高めた」という事実なのです。

本書では再三再四にわたって、日本の中だけを見るのではなく、世界に目を広げて投資をするよう述べてきました。日経平均や東証株価指数の過去のパフォーマンスは、10年、20年、30年といったいずれの時間軸で切ってみても、ダウ平均株価指数などのパフォーマンスに大幅に劣後してきたからです。

上と下、２つの表は、こうした事実を別の切り口から見せたものに過ぎません。

さて、本書を書き終えた私の本当の気持ちは、「日本企業に頑張って欲しい」、「何よりも日本という国に頑張って欲しい」というものです。かつて戦後の焼け野原に生まれたソニーやホンダのような会社が世界企業へと羽ばたいていったように、これから先、日本の若い企業が彗星のように現われてくるのを強く期待しています。

しかしそれまでの間は、われわれ個人投資家は、**投資の世界にいる以上は、冷徹な目で投資対象を見る必要があります**。でなければ、弱肉強食、ジャングルを歩くような世界ですので、すぐにもやられてしまいます。

人生100年時代と言われる現在。本書を通じて、一人でも多くの方が、投資や運用に関する知見を深めていただけたならば、それは筆者にとって望外の喜びです。

切りとり線

★読者のみなさまにお願い

この本をお読みになって、どんな感想をお持ちでしょうか。祥伝社のホームページから書評をお送りいただけたら、ありがたく存じます。今後の企画の参考にさせていただきます。また、次ページの原稿用紙を切り取り、左記まで郵送していただいても結構です。

お寄せいただいた書評は、ご了解のうえ新聞・雑誌などを通じて紹介させていただくこともあります。採用の場合は、特製図書カードを差しあげます。

なお、ご記入いただいたお名前、ご住所、ご連絡先等は、書評紹介の事前了解、謝礼のお届け以外の目的で利用することはありません。また、それらの情報を6カ月を越えて保管することもありません。

〒101-8701（お手紙は郵便番号だけで届きます）
祥伝社新書編集部
電話03（3265）2310
祥伝社ホームページ　http://www.shodensha.co.jp/bookreview/

★本書の購買動機（新聞名か雑誌名、あるいは○をつけてください）

＿＿＿＿新聞の広告を見て	＿＿＿＿誌の広告を見て	＿＿＿＿新聞の書評を見て	＿＿＿＿誌の書評を見て	書店で見かけて	知人のすすめで

★100字書評……人生100年時代の正しい資産づくり

名前

住所

年齢

職業

岩崎日出俊　いわさき・ひでとし

1953年、東京生まれ。早稲田大学政経学部卒業後、日本興行銀行入行。スタンフォード大学経営大学院で経営学修士取得。J. P. モルガン、メリルリンチ、リーマン・ブラザーズの各投資銀行でマネージング・ダイレクターを経て、経営コンサルタント会社「インフィニティ」を設立。『サバイバルとしての金融』『定年後　年金前』（ともに祥伝社新書）の他、著書多数。日経CNBCテレビでコメンテーターを務める。

60歳からでも間に合う
人生《じんせい》100年時代《ねんじだい》の正《ただ》しい資産《しさん》づくり
岩崎日出俊《いわさきひでとし》

2019年4月10日　初版第1刷発行

発行者……………… 辻 浩明
発行所……………… 祥伝社しょうでんしゃ
〒101-8701　東京都千代田区神田神保町3-3
電話　03(3265)2081(販売部)
電話　03(3265)2310(編集部)
電話　03(3265)3622(業務部)
ホームページ　http://www.shodensha.co.jp/

装丁者……………… 盛川和洋
印刷所……………… 萩原印刷
製本所……………… ナショナル製本

Printed in Japan　ISBN978-4-396-11569-2　C0233

〈祥伝社新書〉
経済を知る

533
業界だけが知っている「家・土地」バブル崩壊
1980年代のバブルとはどう違うのか、2020年の大暴落はあるのか
不動産コンサルタント
牧野知弘

498
総合商社 その「強さ」と、日本企業の「次」を探る
なぜ日本にだけ存在し、生き残ることができたのか。最強のビジネスモデルを解説
専修大学教授
田中隆之

394
ロボット革命 なぜグーグルとアマゾンが投資するのか
人間の仕事はロボットに奪われるのか。現場から見える未来の姿
大阪工業大学教授
本田幸夫

478
新富裕層の研究 日本経済を変える新たな仕組み
新富裕層はどのようにして生まれ、富《とみ》のルールはどう変わったのか
経済評論家
加《か》谷《や》珪《けい》一《いち》

503
仮想通貨で銀行が消える日
送金手数料が不要になる? 通貨政策が効《き》かない? 社会の仕組みが激変する!
信州大学教授
真《ま》壁《かべ》昭夫

〈祥伝社新書〉
経済を知る

111
超訳『資本論』
貧困も、バブルも、恐慌も——マルクスは『資本論』の中に書いていた！
神奈川大学教授
的《まと》場《ば》昭《あき》弘《ひろ》

153
超訳『資本論』第2巻 拡大再生産のメカニズム
形を変え、回転しながら、利潤を生みながら、増え続ける資本の正体に迫る
的場昭弘

154
超訳『資本論』第3巻 完結編
「資本主義」は、なぜ人々を不幸にするのか？
利子、信用、証券、恐慌、地代……資本主義の魔術をマルクスはどう解いたか
的場昭弘

231
定年後 年金前 空白の時間にどう備えるか
安心な老後を送るための、無理のない経済基盤の作り方
経営コンサルタント
岩崎日出俊

353
気弱な人が成功する株式投資
投資は冒険や博打ではない。冷静な目で株の面白さを紹介！
岩崎日出俊